Anonymus

Nützliches Handlungs-Wörterbuch

unikum

Anonymus

Nützliches Handlungs-Wörterbuch

ISBN/EAN: 9783845725512

Erscheinungsjahr: 2012

Erscheinungsort: Bremen, Deutschland

www.unikum-verlag.de | office@unikum-verlag.de

Bei diesem Titel handelt es sich um den Nachdruck eines historischen, lange vergriffenen Buches. Da elektronische Druckvorlagen für diese Titel nicht existieren, musste auf alte Vorlagen zurückgegriffen werden. Hieraus zwangsläufig resultierende Qualitätsverluste bitten wir zu entschuldigen.

Anonymus

Nützliches Handlungs-Wörterbuch

unikum

Nützliches
Handlungs-Wörter-Buch,

darinnen
die gewöhnlichsten
Schreib- und Redensarten
der Kaufleute
angezeiget,
und
zum Besten derjenigen,
so sich
dem Löbl. Handelsstand
gewidmet,
kürzlich und deutlich erkläret
werden.

Regensburg,
verlegts Johann Leopold Montag,
1768.

A.

A. Dieser Buchstab wird öfters, gewisse Dinge nach ihrer Zahl und Ordnung zu unterscheiden, gebraucht; wie denn auch die Waaren mit den Alphabets-Buchstaben bezeichnet werden, um den Preiß des Ein- und Verkaufs anzuzeigen. Es werden auch der Kaufleute Schuld- oder Handels-Bücher, ingleichen gewisse Waaren zur Differenz der andern, damit bemerket, als: Lit. A. B. &c.

Abandon, heißt im Französischen See-Recht eine Begebung des Anspruchs auf ein gestrandetes Schif und andere Sachen, worauf man in dem See-Commerce Actiones und Prætensiones machen könne.

Abandonnement, Abtretung der Güter, wenn man bonis cediret.

Abavant, nennen die Franzosen diejenige Kaufleute, so in ganzen Ballen mit Seide und Wolle handeln.

Abbreviaturen, abgekürzte Wörter, heissen bey den Handels-Leuten, Banquiers und Buchhaltern diejenige Anfangs-Buchstaben oder Zeichen, deren sie sich bedienen, gewisse Handlungs-Bücher und Schriften vermittelst derselben kurz zu fassen.

Abschied eines Kaufdieners ist ein schriftliches Zeugniß eines Kaufmanns, welches er einem aus seiner Handlung Abschied nehmenden Diener wegen des Wohlverhaltens zu seinem bessern Fortkommen auf Verlangen ertheilet.

Absentiren, oder austreten, heißt eigentlich Schulden halber flüchtig werden, und sich in der Stille an einen andern Ort begeben.

Abtackeln, ist, wenn man von den Schiffen, so von einer Fahrt zu Hause kommen, die Tauen, Seegel und andere Geräthschaften abnimmt, und selbige in den dazu bestimmten Magazinen verwahret.

Abusus, so bey Girirung der Assignationen vorgehet, ist, wenn die Wechsel und Assignationes gefährlich verhandelt werden.

Acceptant, heißt derjenige, welcher von einem andern einen Wechselbrief annimmt, und mit dem Worte: *Acceptirt*, nebst seinem Namen unterzeichnet, auch solchen auf den Verfall-Tag zu zahlen verspricht.

Acceptiren, oder annehmen, heißt sich nicht nur mündlich, sondern auch mit Unterschreibung des Worts: *acceptirt*, und seines Tauf- und Zunamens und des Tages bezeugen, daß man dem Präsentanten oder Ueberbringer des Wechselbriefes, den Wechsel nach dessen Innhalt bezahlen wolle.

Accident, ein zufällig Ding, das von ohngefehr geschieht.

Accidentaliter, zufälliger Weise.

Acci-

Accidentien, gewisse Belohnungen oder Neben-Einkünfte.

Accise, ist eine gewisse Anlage, da nicht nur von den Waaren bey ihrer Einfuhre ins Land, und Ausfuhre aus dem Lande, zum Verkehr, sondern auch von den Lebensmitteln, die täglich consumiret werden, etwas nach dem Werthe desselben gegeben wird.

Accommodement, eine Beylegung; man pflegt zu sagen: Ich habe mich mit ihm accommodirt oder vortragen.

Accommodiren, sich bequemen oder zurecht machen, vertragen.

Accompagniren, begleiten.

Accord, Vertrag, Vergleich; in Handlungs-Briefen wird bisweilen gesetzt: Ich will es dem Herrn d'Accordo notiren.

Accordiren, einen Vergleich treffen. Dieses Wort wird insonderheit von fallit gewordenen Personen gebrauchet, wenn selbige sich mit ihren Gläubigern (Creditoribus) verstehen, daß ihnen die Letztern einen Theil ihrer Schuldforderung freywillig erlassen, und ihnen auch wohl noch zur Bezahlung des Ueberrests Frist geben.

A costi, ist der Ort, da man hinschreibt, damit man solchen nicht so oft nennen darf; man pflegt bey Handlung dahero zu sagen: costige Briefe oder Waaren, das sind die Briefe oder Waaren, nach welchen ich hin correspondire.

Actie, ist in Holland, wie auch in Frankreich, Engelland und Dännemark, der Verkauf der Obligation auf diejenigen Capitalien, die jemand in der Ost- und West-Indischen Compagnie hat, worauf dann die Obligation ihren Namen verlieret, und Actie genennet wird.

*Actioni*ren, heißt einen verklagen und mit demselben ins Gericht gehen.

*Actio*nist, oder *Actionaire*, ist derjenige, welcher in einer Handlungscompagnie Actien hat.

Activ-Schulden, sind diejenige, die ein Kaufmann ausstehend und von andern Leuten zu fordern hat; Passiv-Schulden hingegen, die er schuldig ist und als Debitor zahlen muß.

Addresse, heißt Aufschrift, die man auf den Rücken des Briefs setzet.

*Addressi*ren, heißt etwas an einen Ort oder Person schicken.

Ady, oder *Adi*, der Tag des Monats, welches Wort in Wechselbriefen gebräuchlich ist, vom Tag den Tag, Datum gegeben.

A ditto, bedeutet in Briefen denjenigen Tag, der nächst vorher gemeldet worden.

*Adjusti*ren, eine Sache oder Rechnung richtig machen.

*Admitti*ren, zulassen.

Adovére, Schuldigkeit.

A Dritura, à Droiture, heißt bey den Kaufleuten soviel, als geraden Wegs zu, die rechte nächste Strasse, da kein Umweg oder Umgang darf genommen werden.

Adroit, geschickt.

Adver-

Advertiren, avertiren, heisset benachrichtigen; daher kommen der Kaufleute ihre Advis-Avis-oder Aviso-Briefe, Nachrichts-Briefe, die sie über trassirte und remittirte Wechsel, spedirte Güter und andere Begebenheiten absenden; wie man auch öfters zu schreiben pflegt: ich habe ihme bereits Aviso hievon gegeben, oder avisirt, ingleichen per Aviso, zur Nachricht.

Affaire, heißt eine Sache, damit man beschäftigt ist, wo man arbeitet.

Affection, Zuneigung; ich bleibe dem Herrn affectionirt, günstig, gewogen.

Agent, einer, der des andern Geschäfte verrichtet.

Agio, oder l'agio, Aufwechsel, Zugabe, welche auf ein schlechtes Geld, wann solches gegen ein besseres verwechselt wird, muß gegeben werden.

Agnosciren, erkennen, annehmen, gestehen.

Agozinato, wird zur Abwechslung in Briefen gebraucht, und heißt soviel als mense passato oder vergangenen Monats.

Agreeur, heißt derjenige, der zu einem Kauffarthey-Schiff alles hergiebt, was darzu gehört, daß es in See gehen kan.

Agreiren, heißt vor gut befinden, billigen, bestättigen oder ratificiren.

A la pari; al pari, gleich um gleich, Geld um Geld, ohne Aufwechsel verwechseln.

Al arrivo, bey Ankunft.

Al corso, ist nach dem laufenden Preiß verhandeln.

Al marco, Ducaten al marco verhandeln, ist, solche so zu verhandeln, daß sie zusammen gewogen, und nach alsdann erfindlichen Gewicht bezahlt werden.

Al peso, gewichtig, Ducaten al peso verhandeln, ist Stück für Stück, als gewichtig verhandeln.

Alterum tantum, wird gesagt, wann die Zinsen auf das Capital so hoch gestiegen, daß sie dem Capital gleich seyn.

Amanco, heißt, wenn ich für meinen Correspondenten in Vorschuß stehe; ich sehe meinem Amanco stündlich entgegen.

Anatocismus, Zins auf Zins; wenn der Zins, welcher jährlich sollte bezahlet werden, wieder zum Capital geschlagen, und wieder mit verzinset wird; welches aber in den Rechten verbothen ist.

*Annot*iren, aufzeichnen.

*Annull*iren, vernichten, abschreiben; z. E. der Herr beliebe die gemachte Nota zu annulliren.

Anticipando, voraus, vorher, geliefert.

*Anticip*iren, vorschiessen, jemand anticipando bedienen, ist eines Committenten Commission, ehe seine Gelder eingegangen, effectuiren und das dazu Erforderliche vorschiessen.

*Antidat*iren, geschiehet, wenn man einen Wechselbrief, Obligation und Quittung von einem ältern Dato, als den Tag der Ausstellung, datirt.

Antipathie, natürlicher Haß, den die Menschen gegen einander haben.

Anzi,

Anzi, wird öfters statt P. S. oder Nachschrift gebraucht, wenn nach Schliessung des Briefs noch was mit anzumerken ist.

Apparence, Apparenz, der äußerliche Schein und Ansehen: in Handlungs-Briefen wird vielmal gesetzt: ich habe die Colli oder Waaren der äusserlichen Apparenz nach wohl erhalten.

A part, besonders.

Apertur, Eröfnung, Nachricht.

A piacere, heißt nach Belieben, oder in Wechselbriefen auf Sicht (a Vista) dahero werden in einigen Wechselordnungen die Wechsel a Vista, auch a piacere genennet.

*Applici*ren, auf ein Ding ziehen, man sagt, er weiß sein Wort oder auch seine Waaren perfect zu appliciren.

*Appointi*ren, sich vergleichen, in Rechnungs-Sachen mit einander überein kommen.

Approbation, Billigung, Bekräftigung.

*Approbi*ren, billigen, gutheissen.

A propos, so recht, zurecht.

*Apropri*ren, zueignen, bequem machen.

A punto, a punto trassiren, heißt, eine Forderung auf den letzten Heller trassiren und also die Rechnung völlig saldiren.

Arbiter, *Arbitrator*, ein Schiedsmann, den die Kaufleute auch einen guten Mann nennen, wird bey entstandenen Streitigkeiten erwählet, dessen Ausspruch sie sich zu Vermeidung schwerer Proceße unterwerfen.

Arbitrage, wann ich meinen Correspondenten Wechselbriefe zu einem gewissen Preis auf diesen gegen Wechselbriefe auf jenen Handels-Platz offerire, und dieser solche Offerte annimmt.

Arende, ein Güter-Pacht.

Argent content, baar Geld.

Arrest, arrestiren, Güter mit Arrest belegen, oder in Beschlag nehmen; solches geschiehet, wenn entweder dem, in dessen Verwahrung sie sich befinden, selbige abfolgen zu lassen, verbothen; oder wenn selbst die Gerichte Hand darauf geleget, und dieselben an dem Orte, wo sie sich befinden, versiegelt, oder verschlossen, oder auch in des Gerichts-Verwahrung gebracht werden.

Arriviren, ankommen; es ist ihm arrivirt; die Güter sind arrivirt.

Assecurance, Versicherung.

Assecuriren, versichern, Bürge für etwas seyn.

Assignation, assegno, ist unter Kaufleuten sehr gebräuchlich, und gereicht zu ihrer Commodité, damit man nicht allzeit baar Geld auszahlen darf.

Assigniren, anweisen, eine Assignation geben, heisset meinen Gläubiger, (Creditorem) auf meinen Schuldner (debitorem) verweisen, so daß nun mit allerseitiger Genehmhaltung mein Debitor der Debitor meines Creditoris wird, und ich also nunmehro aufhöre Creditor und Debitor zu seyn.

Assistenten, werden bey Holländischen Comtoirn in Indien die Buchhalter genennt.

Assi-

Assistiren, beystehen, helfen.

Associiren, in Compagnie, Gesellschaft oder Societæt aufnehmen, sich vergesellschaften.

Asylum, eine Frey-Stadt, dahin ein Banquerotier seine Zuflucht nehmen, und so er einen Obrigkeitlichen Schutz-Brief hat, vor Verfolgung der Creditoren sicher seyn kan.

Ataxia, eine Unordnung in Wechsel-Tagen.

Attestat, *attest*, ein Zeugnis, Bescheinigung. Die Kaufleute haben vieles mit Attestaten zu thun, vor eigene und fremde Rechnung, wann sie Schaden zur See ꝛc. gelitten, oder das gute oder schlechte Befinden dieser und jener Waare bezeugen wollen.

Attestiren, bezeugen, darthun.

Avanciren, vorschiessen, es heißt auch, in seinen Sachen vor sich kommen, Glück haben, steigen.

Avantage, *avantaggio*, Nutzen, Vorzug.

Avantageuse, vortheilhaft.

Avanture, Zufall, Begebenheit; par avanture, aus unvermutheten Zufall.

Avanciren, dem andern Geld vorschiessen.

Avanzo, *avance*, der Gewinn, der in der Handlung zufließt; man spricht und schreibt vielmal bey Handlung: er hat ziemlich bey mir in avanzo; ferner, ich habe ihm schon genug Geld avancirt; er avancirt, kommt gut fort; par avance; voraus.

Avarie, Haveteу, heissen alle Unkosten und Schaden, welche ein Schiff während seiner Reise gehabt, und welchen zu ersetzen, ein jeder Interessent pro Cent etwas gewisses zahlen muß.

Auctio,

Auctio, eine Ausbietung und öffentlicher Ausruf.

*Auctioni*ren, heißt eine Sache öffentlich feil bieten, und denjenigen, der am meisten darauf bietet, zuschlagen.

Avertissement, eine Kundmachung, Vorrede oder Benachrichtigung von etwas.

Aufschlagen, heißt eigentlich in der Kaufmannschaft, wenn die Waaren, entweder wegen Miswachs, oder Kriegsläufte, oder Schiffbrüche, oder wegen anderer Zufälle, nicht mehr um den vorigen Preis können gegeben werden.

*Augmenti*ren, vermehren.

Auslage, ist an den Buden oder Läden der Ort, wo sie ihre Waaren zur Schau auslegen.

Auspacken, heißt bey den Kaufleuten, die ihnen zugeschickten Ballen, Kisten und Fäßer öffnen, um die darinn befindlichen Waaren heraus zu nehmen.

Ausschneiden, dieses saget man von den Kramern, welche ihre schneidende Waaren einzeln verkauffen.

Ausschuß, Ladenhüter, heißt in der Handlung eine Waare, welche untauglich ist, und daher von der guten abgesondert worden. Auch wird das Wort Ausschuß bey Wechsel- und andern Geld-Auszahlungen von den schlechten und geringhaltigen Münzsorten gesagt.

Authentique, bewährt, glaubwürdig.

B.

Baar Geld, baare Bezahlung, pecunia parata, argent contant, wird der Bezahlung auf Termine oder gewisse Zeit entgegen gesetzet; und gleichwie bey der Bezahlung auf Termin der Käufer ordentlich fürs Hundert etwas drüber geben muß: so kan er hingegen bey baarer Bezahlung öfters vom Hundert etwas weniger geben.

Bagage, heißt, was aufgepackt und auf Reisen mitgeführet wird.

Balance, *Bilantz*, Waage, Gewicht, Gleichgültigkeit: Bey Kaufleuten hat dieses Wort die Bedeutung der monathlich- oder jährlichen Schluß-Rechnung, da Debit und Credit, wann recht übergetragen, gleich aufgehen muß.

Balast, wird bey den Schiffern der grobe Sand und Steine genennet, welche in den untersten Grund des Schiffes geschüttet werden, dasselbe zu beschweren, damit es tief genug im Wasser gehe.

Ballots, Ballen, Tuch ꝛc. zum versenden.

Bancalitäts-Werk, begreift alles dasjenige unter sich, was bey denen sogenannten Banquen sowohl in Ansehung der damit getroffenen Ordnung und Einrichtung, als auch dero dazu gehörigen Personen und andern dahin einschlagenden Dingen beträchtliches vorkommt.

Banco, *Banque*, eine gewisse Sorte Geld; auch bey den Kaufleuten ein aus öffentlicher Autorität etablirtes und privilegirtes Haus, in welchem

chem sie ihre Gelder, theils zur Verwahrung und mehrerer Sicherheit, theils zur Commodität, des vielen Auszehlens überhoben zu seyn, niedersetzen, und hernach, dem sie schuldig, von solchen Geldern eine gewisse Summam zu- von ihrer Rechnung aber abschreiben lassen, da hingegen ihnen von andern auch wieder dasjenige, was sie in Banco-Geld von ihnen zu fordern haben, solchergestalten zugeschrieben wird, und dieses nennet man einen Giro, oder perpetuirliches Ab- und Zuschreiben, vermöge welchem viel tausend Thaler umgesetzt, auf Rechnung eingenommen und wieder ausgezahlet werden, ohne daß dabey ein Kreutzer durch die Hände gehe, sondern nur ein Assignations-Zettul in die Banco eingebracht wird.

Banco-Agio, wird das auf die denen öffentlichen Banquen-Capitalien gelegte Aufgeld genennet.

Banco del Giro, ist eine Art Banco, worin ich zwar meinen Creditoren durch Ab- und Zuschreiben zahlen, keineswegs aber meinen Avanzo in baarem Geld empfangen und herausziehen kan.

Banco-Bediente, sind die zur Banco beeidigte Buchhalter und Cassiers.

Bannisiren, verweisen, verjagen.

Banquerotte, Falliment, von Banco rotto, dem zerbrochenen ausgeleerten Wechsel-Tisch oder Cassa also genannt, wird gesagt von einem solchen Kaufmann, der ausgehandelt, in Schulden verfallen, seine Glaubiger und Wechsel-Briefe nicht mehr bezahlen kan, keinen Credit mehr hat rc.

Ban-

Banquerottiers, oder Falliten. Ersteres Wort wird hauptsächlich denenjenigen Personen zugeleget, welche ihre Gläubiger muthwilliger Weise nicht bezahlen, oder bezahlen können. Letzteres aber wird nur von solchen gebraucht, welche ihre Gläubiger unschuldiger Weise entweder nicht zur rechten Zeit, oder auch wohl nicht völlig befriedigen können.

Banquier, ein Wechsler, ein Kaufmann, der sehr viel Geld in der Banco und also grossen Credit hat, daß er jedem in Handelsstädten acceptable Wechselbriefe verschaffen kan.

Barattiren, sagen die Kaufleute, wenn sie tauschen, eine Waare gegen die andere verhandeln, dahero pflegen sie zu sagen: ich habe mit ihm barrattiret; diese Waare habe ich in Barratto empfangen; dieser Barratto stehet mir nicht an.

Baratto, Tausch oder Permutation, eine aus der alten Welt noch herrührende Art zu handeln, da das Geld noch nicht im Gebrauch gewesen, und also Waaren gegen Waaren haben müssen verstochen werden.

Barque, ist eine Art von Schiffen, werden sehr auf der mittelländischen See gebraucht, dienen gemeiniglich Kaufmanns-Güter und Victualien überzubringen.

Basta, heißt bey den Italiänern soviel als sufficit, es ist genug: die deutschen Kaufleute brauchen es auch sehr oft als ein Flickwort in ihren Briefen, wenn sie etwa hier und da einen Absatz machen, auch sonderlich der Sache einen Nachdruck geben wollen.

Be-

Beneficium, *Beneficium Juris*, Wohlthat des Rechtes; deren haben die Kaufleute sehr viel, sonderlich die, so die Messen besuchen, dahin auch gehört, daß ihren Handels-Büchern ein grosser Beweiß zugestanden wird.

Bestäter, Bestättiger, Güterbestäter, sind von Kaufleuten bestellte Personen, welche alle Umstände der Fuhrleute, so Waaren bringen und abführen, zu ordnen und anzumerken haben.

Bianco, in bianco stehen, ist, wenn ich die im Wechsel-Negotio zu fordern berechtig seyende Versicherung nicht haben kan.

Bilanziren, heißt aus den Rechnungsbüchern der Kaufleute einen genauen Auszug aller Einnahmen und Ausgaben machen, um zu erfahren, was jährlich gewonnen oder verlohren worden.

Billet, ein kleiner Brief oder Zettel.

Blame, Lästerung, Schimpff.

*Blam*iren, beschimpfen, übel nachreden.

Blanc, ist dasjenige Theil in den Tage-Büchern der Kaufleute, so nicht beschrieben.

Blanca Carta, oder *Blanquet*, item *Carta-Bianca*, eine unbeschriebene Vollmacht, ist ein weisses Papier, unten entweder mit dem Namen allein, oder zugleich mit dem Insiegel desjenigen bezeichnet, der solches an einen andern, dem er zu einer gewissen Sache Vollmacht giebt, als e. g. einen Schuldner zu arrestiren, desgleichen in seinem Namen eine gewisse Obligation, Wechsel, Contract, Supplic oder Vollmacht,

macht darauf zu extendiren, ausstellen will, damit dieser etwas gewisses darauf schreiben und in dessen Namen verrichten könne. Man muß auch der Redlichkeit solcher Leute gewiß seyn, denen man Blanquets anvertrauet.

Bodmerey, heißt bey Schifleuten ihr Handel mit dem Geld, welches sie nur mit Versicherung ihres ehrlichen Namens aufnehmen, dagegen aber sehr grosses Interesse geben müssen.

Bœrse, Bursa oder Börse, ist in grossen Handels-Städten ein ansehnlich- und wohl gelegenes Gebäude oder freyer Platz, woselbst zu Mittag und Abends die Kaufleute zusammen kommen, und von ihren Handels-Angelegenheiten sich mit einander besprechen, auch allerley Verkehrung mit Wechsel, Geld, Waaren, und dergleichen anstellen.

Bona Fides, guter Treu und Glauben; bona fide handeln, auf Treu und Glauben handeln.

*Bonifici*ren, gut thun, ich will ihm den Schaden bonificiren, gut machen, ersetzen.

*Bonis ced*iren, geschiehet von Falitten, wenn sie ihren Creditoren Haab und Gut abtreten.

Bonum publicum, das gemeine Beste.

Boot, ist eine Art kleiner Fahrzeuge, welche vornen breiter, als hinten, sind. Ein jedes grosses Schiff ist sowohl zu Lichtung der Anker, als auch, Holz, grosse Wasserfässer und andere schwere Sachen, in das Schiff zu bringen, mit einem solchen Boot versehen.

Bootsknechte, oder Bootsleute, sind soviel als die Schiffsleute, oder Ruderknechte. Sie werden auch sonsten Matrosen genennet.

Bootsmann, ist ein See-Bedienter, deren meistentheils zween auf einem Schiff sich befinden, und Ober- und Unter-Bootsmann genennet werden, von welchen ein jeder seine besondere Beschäftigung auf dem Schiff hat.

Brevia testata, Lehr-Briefe.

Brillant, heißt überhaupt alles, was glänzend ist und in die Augen spielet oder leuchtet.

Bruit, das allgemeine Geschrey, die herumgehende Zeitung.

Brutto, heißt bey denen Kaufleuten die Waare, wie sie noch in Sack und Fässern stehet, und von welcher die Tara oder der Abzug wegen des Sacks oder Fasses noch nicht gemacht worden, rc. Die Kaufleute pflegen zu sagen: diese Waare hat brutto auch sporco samt der Emballage oder Packgut so und so viel gewogen; wenn sie aber sagen: die Waare hält netto so und soviel, so ist das Gewicht der Emballage schon abgezogen.

Buchhalten ist die Kunst, ein ordentliches und richtiges Verzeichniß aller Handlungen und genaue Berechnung aller Ausgaben und Einnahmen, Activ- und Passiv-Schulden zu führen, daß man daraus gar leicht auf einmal die ganze Beschaffenheit der Handlung, deren Ab- und Zunehmen, übersehen kan.

Buch-

Buchhalter heißt bey vornehmen Kaufleuten derjenige Bediente, der das, was täglich gehandelt und umgesetzt, aufgenommen und ausgeliefert, empfangen und bezahlet, ein- und verwechselt, in Banco gebracht und wieder heraus geholet, aßigniret und rescontriret, an Waaren verkaufet und eingekaufet wird, rc. genau und ordentlich aufschreibt.

Bureau de Commerce. Also wird in Frankreich diejenige Versammlung genennt, die aus 8 von dem König selbst ernennten Männern bestehet. In dieser Versammlung wird untersucht, was zur Handlung gehöret, sowohl zu Wasser als zu Land, in und außer dem Königreich, wie auch dasjenige, was die Fabriquen und Manufacturen anbetrift.

Buyse, ist eine Art von Flibots, deren sich die Holländer zu dem Herings-Fang bedienen.

Byon a Buono, oder Cambium de Buono, wird gesagt, wann die Haupt-Personen in Handlung einen Wechsel schliessen und sich keines Sensals oder Unterhändlers bedienen.

C.

Cabaliste, ist ein Handlungswort, so besonders in der Provinz Languedoc gebräuchlich ist. Es bedeutet einen Kaufmann, welcher die Handlung nicht in seinem eigenen Namen treibt, sondern sie für einen andern führet.

Calculation, Calculo, der Ueberschlag, die Ausrechnung, heißet bey den Kaufleuten, wann sie über eine verschriebene Waare ihre Rechnung machen.

Calculiren, rechnen, Ueberschlag machen; man pflegt bey Handlung zu sagen: er hat nicht wohl calculiret; nach seinem Calculo finde es so und so; er bleibt mir schuldig salvo errore calculi; man setzt es vielmal unter die ausgezogenen Rechnungen, und præcaviret sich gleichsam hiedurch, daß, wenn man sich sollte in der Ausrechnung versehen haben, solches nicht zum Schaden gereichen möge.

Calibre, wird öfters gebraucht, wann ich spreche: die Sache ist nicht eben von dem Calibre, nicht nach der Art, dergleichen Einrichtung, oder auf gleichem Modo befasset.

Cambio, Change, ein Wechsel, dahero Lettere di Cambio oder Lettres du Change, Wechselbriefe genennet werden. Es wäre zu weitläuftig, wann man alle die Wechsel, als Cambio Conto, Cambio di Ricorsa, Cambium Feriarum, Cambium irregulare, Cambium Litterarium, Cambium reale, Cambium minutum und noch viele andere beschreiben wollte, deren Beschreibung in verschiedenen Handels-Autoren zu finden.

Cambist, ist soviel als ein Banquier oder Wechsler.

Capable, fähig, geschickt.

Capital, heißt eine gewisse Summe Geldes; bey Kaufleuten wird das Geld, so in ihrer Handlung steckt, das Capital genennet. Capital heis-

heisset daher auch das von verschiedenen Personen zu einer gewissen Handlung oder Vorhaben zusammen geschossene Geld.

Capital-Buch, ist bey Kaufleuten ein sonderlicher Auszug aus dem Journal, darein eine jede Post mit kurzen, jedoch deutlichen Worten getragen wird.

Capital-Conto, Capital-Rechnung wird von Kaufleuten über das Geld, so in ihrer Handlung stehet, gehalten.

Capitalist, heißt ein Mann, der viele Capitalia ausstehen hat, daß er allein von dem Interesse leben kan.

Capo, wird bey Handlung gebraucht, wann einer als das Capo oder Haupt über eine Handlung gestellt wird.

Caprice, Eigensinn; er capricirt sich darauf, er bildet sichs ein, er setzt sich darauf.

Carga, Liste di Carga, ein Verzeichniß der Schifs-Ladung, für welchen Kaufmann sie gehöre, und was das Schiff inne hat.

Cassa, die Geldkiste, worinnen die Kaufleute ihr Geld verwahren, und worüber ein eigenes Cassa-Buch gehalten wird. Lösungs-Cassa, ist das Kästlein, worein alles Geld geworfen wird, so man täglich löset. Cassa bedeutet auch soviel als baares Geld.

Cassiren, heißt etwas aufheben, vernichten, Rechnungen zerreissen, abschaffen, ingleichen baare Gelder einziehen oder einnehmen.

Caßirer wird derjenige genennet, der die Geld-Einnahm und Ausgab besorget.

Categorisch sich resolviren, sich rund heraus erklären.

Cavent, heißt ein Bürge, der für etwas gut saget, oder für die Zahlung stehet.

Caviren, gut sagen, Bürge werden, dafür stehen.

Caute, fürsichtig; man muß ganz caute in der Sache gehen.

Caution, Bürg-Leistung.

Cediren, abtretten, weichen, nachgeben.

Censur, Urtheilung, Erwegung.

Cento pro Cento, hundert auf oder von hundert, doppelter Gewinnst oder Verlust und noch einmal so viel.

Certificat, Beglaubigungs-Schein, ist ein schriftliches Zeugnis seiner glaubwürdigen Person, wodurch sie die Wahrheit einer Sache bekräftiget.

Certificiren, wahr, gewiß machen.

Certiren, wettstreiten.

Cession, Verzicht, Abtritt.

Chaloupe ist ein kleines, hinten und vornen spitziges Fahrzeug, durch dessen Hülfe Personen und Waaren auf die grossen Schiffe ab- und zugeführet werden.

Changement, Veränderung, Tausch.

Changiren, verwechseln, vertauschen, troquiren, wenn entweder Geld gegen Geld, oder Waare gegen Waaren verhandelt wird.

Charge, Amt, Dienst, auch eine Last.

Chargiren, belästigen, schlagen, treffen.

Chicane, List, faule Ausflucht im Handel, Spielen rc.

Chi-

Chicaniren, betrügliche Griffe gebrauchen.

Citiren, vor Gericht oder anders wohin laden.

Citò, geschwind, bald, hurtig, eilig.

Civil, höflich, bescheiden, civiler Preiß, ein billiger Preiß.

Civilegium, ein Beweis, so eine Stadt-Obrigkeit ihren Kaufleuten giebt, daß solche ihre Stadt-Bürger und Einwohner sind, die wegen alten Verträgen an gewissen Orten Zollfrey sind.

Cladde, Manuale, Strazze, Scarto foglio, ein Hand-Buch, so die Kaufleute halten, und alles, was täglich in ihrer Handlung vorkommt, in dasselbe eintragen.

Classes, oder Classen, sind gewisse Eintheilungen der Glaubiger bey einem Concursu Creditorum, nach welchem einer vor dem andern bezahlet wird.

Clausul, Anhang, eine kurze Wort-Verfassung, wodurch etwas erweitert, geengert, oder erkläret wird.

Clausuliren, mit Clauseln verwahren.

Client, der von einem andern dependiret, oder sich dessen Schutz untergiebt.

Clima, die Beschaffenheit der Luft und Witterung eines gewissen Landes, auch eines Orts; item Gegend des Himmels.

Collatio, eine Vergleichung, da jeder seinen Theil in die Gewinn-Massa wirft.

Collationiren, eine Schrift gegen die andere halten, um zu sehen, ob es von Wort zu Wort gleich lautet, und nichts ausgelassen worden, es es seye in Abschreiben, Schriften oder Rechnungen.

Collecte, Beysteuer, Vorbitte, Sammlung.

Colli, ein Italienisches Wort, wird bey den Kaufleuten gebrauchet, und bedeutet soviel, als ein Stück, Kiste, oder Ballen Waaren.

*Colligi*ren, sammlen.

*Commandi*ren, befehlen, Commando, Befehl.

Commerce, Commercium, Handel und Wandel, Gewerb, Gemeinschaft.

Commercien-Cammer, heißt eine Versammlung von Kauf- und Handelsleuten, worinnen Handelssachen abgehandelt werden.

Commercien-Räthe heissen eigentlich diejenigen Personen, welche von den hohen Obrigkeiten zu besserer Aufnahme der Handlung bestellet werden, um bey vorfallender Gelegenheit in Handlungssachen entweder nur ihr Gutachten zu ertheilen, oder gar die General-Direction zu führen.

Commis, ein Abgeschickter, Befehligter.

Commission, eine aufgetragene Handlung, daß ich einem Güter ein- oder zu verkaufen gebe, dahero kommen die Commissionairs.

Commod, bequem.

*Communici*ren, mittheilen, von etwas part geben.

Compact, Abrede, Vergleich.

Compagnie, eine Gesellschaft, die sich an einem Ort oder auf einen Zweck zusammenhalten, dahero die Compagnie-Handlungen kommen.

Com-

Compariren, erscheinen; die Güter sind noch nicht comparirt, noch nicht zum Vorschein gekommen.

Compendios, kurz, fein, eng zusammen.

Compensation, ein Abtrag, Abfindung, Schadlosstellung.

Compensiren, heißt einem Gläubiger eine der Summe, die er fordert, gleiche Summe, die er selber schuldig ist, zur Zahlung angeben.

Competenz, Anspruch, gleiche Befugniß.

Complet, vollständig.

Complexion, Zustand des Temperaments.

Complimentarius, ein Gevollmächtigter in einer Handlung.

Complimentiren, Ehren-Gepräng machen.

Compliren, erfüllen.

Comportement, Aufführung, Bezeugung.

Comportiren, sich mit einem wohl vertragen.

Compromiss, Einwilligung, Gegen-Versprechung.

Compromittiren, mit einander einig werden.

Concediren, zulassen.

Concept, eine aufgesetzte Schrift.

Concerniren, anbelangen.

Concipient, ein Brief-Verfasser.

Concordiren, übereinstimmen.

Concursus, Versammlung.

Concursus Creditorum, die Zusammenkunft der Gläubiger, wann einer in große Schulden gerathen ist.

Condemniren, absprechen, verurtheilen.

Condition, Bedingung, Zustand, Gelegenheit. Die Güter sind wohl conditionirt, nemlich in gutem Stande angekommen.

Conditionaliter, mit Bedingung.

Condolenz, Mitleiden.

*Condoli*ren, Mitleiden haben.

Condotta, die Spedirung, Fortschaffung der Kaufmanns-Güter durch Factors oder Spediteurs.

Conduite, Aufführung; der Mensch ist von schlechter Conduite, der noch nicht gelernet, wie man sich aufführen oder bezeigen soll.

Conferenz, eine Unterredung.

*Conferi*ren, miteinander Unterredung halten.

*Confi*nen, Land-Gränzen, Nachbarschaft.

Confirmation, Bestättigung.

*Confirmi*ren, bekräftigen, bestättigen.

Confiscatio, die Einziehung der Güter.

*Confisci*ren, einziehen, verarrestiren.

*Confronti*ren, gegeneinander abhören.

*Confundi*ren, verwirren, irre machen.

Confusion, Unordnung, Verwirrung.

Connivenz, Nachsicht.

*Connivi*ren, durch die Finger sehen.

Connoissement, ein Fracht-Brief zur See.

Consens, Bewilligung, Urlaub.

*Consenti*ren, einwilligen.

*Conservi*ren, erhalten.

Considerable, ansehnlich.

*Consigni*ren, an einen überschreiben, überweisen, addressiren; desjenigen, an den ich die Güter schicken will, sein Zeichen darauf machen.

Con-

Consort, Mit-Verwandter, Handels-Gesellschafter, Handlungs-Compagnion, der gleiches Handels Glück und Unglück mitträget.

Consueto procuriren, wird in der Correspondenz mit angebracht, und will so viel sagen, wann ich einem einen Wechselbrief zuschicke, er soll gewöhnlich damit verfahren, oder von dem eingesandten Wechsel guten Gebrauch machen.

*Consuli*ren, einen andern um Rath fragen.

*Consulti*ren, überlegen, berathschlagen.

*Consumi*ren, verzehren, durchbringen.

Consumtion, oder Consumo, heißt bey den Handelsleuten insonderheit soviel, als der Abgang und Vertrieb der Waaren.

Contant kaufen, heißt gleich bey dem Empfang der Waare das Geld baar dafür erlegen.

Contenance, das Verhalten, die Fassung des Gemüths.

*Contenti*ren, vergnügen, bezahlen.

Contento, Vergnügung, Befriedigung.

Contentum, oder Contenta, der Inhalt oder die in einem Brief begriffene Sachen.

*Contesti*ren, bezeugen, betheuern.

Context, die Folge der Worte.

Continent, alsbalden; ich will in continenti antworten.

*Continui*ren, fortsetzen.

Conto, eine Rechnung, deren unterschiedliche, als: *Conto Corrente*, einlaufende Rechnung, da man alle baare Gelder, auch per contant verkaufte Waaren, Unkosten, bezahlte oder empfangene Wechsel rc. aufsetzet. *Mio Conto* Cor-

Corrente, ist meine baare Gelder-Rechnung, die ich mit meinem Factor in fremden Ländern habe. *Suo Conto Corrente*, ist die baare Gelder-Rechnung, die er bey und unter mir hat; à Conto stellen, auf eines seine Rechnung stellen.

Contoir, Contor, eine Schreib-Stube.

Contoirist, einer der auf der Schreib-Stube zu schreiben und dieselbe zu verwalten hat.

Contraband, verbothene Waaren; contrabande Waaren, sind solche Waaren, welche in einem Lande aus- oder einzuführen verbothen.

Contra-Cambio, heißt bey Kaufleuten der Gegen-Wechsel.

Contract, ein aufgerichteter Vergleich, Abrede eines Dings.

Contradiciren, widersprechen.

Contramandiren, ein anders befehlen.

Contrapart, Gegentheil.

Convenienz, Vergleichung.

Conveniren, sich schicken, vergleichen.

Conversation, Gemeinschaft.

Conversiren, Gemeinschaft pflegen.

Convinciren, überwinden, überweisen.

Convociren, zusammenruffen.

Convoy, Geleit.

Convoyren, begleiten.

Copert, Couvert, eine Decke von Papier, darein etwas gebunden oder versiegelt wird, ein Umschlag zu Briefen.

Copia, Copie, Copey, Abschrift eines Originals.

Copier-Buch ist bey den Kaufleuten das Buch, worein alle Briefe abgeschrieben werden.

Copist,

Copist, ein Ab- oder Nachschreiber.

Correspondent, der mit einem schriftliche Handlung führet.

Correspondenz, Briefwechsel.

Cortage, Courtagie, Sensarie, Belohnung, so man den Mäcklern oder Sensaln für ihre Mühe giebt.

Courant, gebräuchlich, gewöhnlich, das täglich passirt; dahero kommt

Courrent-Geld, heisset alle dasjenige Geld, welches in täglichen Ausgaben an einem Orte gänge und gäbe ist.

Cours, der Lauf, Gang, heißt bey den Kaufleuten der Agio und der Werth des Geldes, welcher bald steiget, bald fället. In Handelsstädten wird wöchentlich durch Cours-Zettul kund gethan, wie jede Münzsorte im Wechsel angenommen wird.

Court, (der Englische,) heißt zu Hamburg die Gesellschaft der Handels-Leute, so daselbst von der Englischen Nation etablirt sind.

Credere, (Del,) heißt bey Kaufleuten soviel, als auf Treu und Glauben, auf Credit, daher auch del credere stehen, sonderlich in Wechseln, nichts anders bedeutet, als einem vor alle daher entstehende Schäden und Unkosten gut seyn.

Credit, Credito, Treu und Glauben, wenn einer dem andern etwas von seinem Gut anvertrauet, und borget, in der Hofnung, es von selbigem unter gegebenen Bedingungen wieder zu bekommen. *Credit* ist in den Hauptbüchern die Seite zur rechten Hand, auf welcher

cher alles das verzeichnet wird, was wir von andern empfangen haben, oder ein anderer glaubt, daß wir zahlen werden. Gleichwie auf der linken Seite des Hauptbuches das Debet oder dasjenige stehet, was uns ein anderer zu zahlen hat.

Creditiv, Credenz-Brief, ein glaubwürdiges Schreiben, so ein Herr dem andern giebt.

Creditor, ein Glaubiger, welcher von einem andern zu fordern hat.

Creditum, das anvertraute oder geliehene Geld.

*Critisi*ren, nachgrübeln.

Crusaden, eine Spanische goldene Münze, worauf ein Creutz gepräget.

Currentis, bedeutet des jetztlaufenden Jahrs oder Monats.

D.

D'accordo, übereinstimmig seyn, ist bey denen Kaufleuten ein in Rechnung gebräuchliches Wort, dessen man sich aber nur zu bedienen pflegt, wann man in einer geschlossenen Rechnung weiter nichts zu ändern oder an deren Richtigkeit etwas auszusetzen hat; man schreibt also kurz weg: ich bin mit dem Herrn d'accordo.

Damnum, Schaden, indemnisiren, schadloß halten.

Datum, datiren, ist eigentlich soviel als die Stunde, den Tag, den Monat, das Jahr, wie auch die Stadt oder den Ort, wenn und wo diese

diese oder jene Schrift ausgefertiget worden, anzeigen.

*Deball*iren, wird von Waaren gesagt, und heißt soviel als auspacken.

*Debarqu*iren, wird gebraucht, wann die auf einem Schiff sich befindliche Güter ausgeladen und ans Land gebracht werden.

*Debatt*iren, abhelfen, schlichten.

*Debauch*iren, schwelgen, unmäßig leben.

Debit, ist überhaupt soviel, als die Schuld, der Vertrieb, Verkauf; insonderheit wird dieses Wort bey Kaufleuten gebraucht. Er soll.

Debita activa, Activ-Schulden.

*Debit*iren, verkauffen, verthun.

Debitor, ein Schuldner, der etwas von einem andern auf Borg genommen.

Debourser, ist soviel, als Geld aus einem Sacke oder der Cassa nehmen, um damit entweder was zu zahlen oder zu kauffen.

Decadence, Abnahme, Abgang; in die Decadence kommen, heißt soviel, als in Verachtung oder ins Abnehmen kommen.

*Dechargi*ren, entledigen; der Herr beliebe mich von gemachter Nota zu dechargiren.

*Decid*iren, entscheiden.

Declaration, die Erklärung seiner Willens-Meinung.

*Declar*iren, auslegen, erklären.

*Declin*iren, abweisen.

*Decourt*iren, abkürzen, Decort Abzug.

Decret, Ordnung und Satzung.

*Decret*iren, beschliessen, Ausspruch geben.

De-

Dediren, wird gesagt, wann man in einem Register oder Schuld-Brief etwas ausstreicht oder austhut.

Dedomagiren, schadlos halten.

Deduciren, weitläuftig vorbringen.

Deduction in Rechnung-Sachen, der Abzug einer Summa von der andern.

Defect, Mangel, Abgang, Fehler.

Defendiren, vertheidigen, verantworten.

Defraudiren, betrügen.

Defrayiren, Zehrung oder Kost frey halten.

Degradiren, absetzen.

Delegation, Anweisung einer Schuld.

Deliberiren, berathschlagen.

Demonstriren, vor Augen legen.

Denegiren, versagen, abschlagen.

Denominiren, ernennen, vorschlagen.

De novo, abermalen, aufs neue.

Denunciren, absagen.

Depechen, Verrichtungen, Abfertigung der Posten, Boten und Briefe.

Depechiren, abfertigen, fortschicken.

Depenniren, wird in Handlung gesagt: der Herr beliebe die gemachte Note von diesem oder jenem zu depenniren, das ist, die gemachte Nota wieder abzuschreiben, zu tilgen.

Depensen, Ausgaben, Unkosten.

Deponiren, niederlegen, Geld deponiren.

Deposito-Gelder, à Depos oder à deposito nehmen, heißt, wann ein Geld benöthigter Kaufmann, Geld von jemand zu dem Ende aufnimmt, daß er damit nach Belieben schalten,

und

und solches in seinen Nutzen, wie er es dienlich findet, anwenden möge.

Depositum, ein Erlag.

Deputat, der Unterhalt, so einem gereichet wird.

Deputirte, Abgeordnete.

Derogiren, abschaffen.

Describiren, beschreiben.

Desideriren, verlangen.

Designation, ein Waaren-Verzeichniß, die man einem zuschickt.

Designiren, bezeichnen, bedeuten.

Despectiren, schimpfen, verachten.

Dessein, Vorhaben, Anschlag, auch ein Abriß oder Modell von feinen Waaren.

Destiniren, absondern, abnehmen, al' Destino, an sein Gehör.

Determiniren, beschliessen, bestimmen.

Detractionis Jus, Nachsteuer, Abzugs-Recht.

Detrahiren, abkürzen.

Devalvatio, eine Absetzung der Münze, devalvirte Münz, abgesetzte Münzen.

Devalviren, absetzen, ungültig machen.

Devoir, Pflicht, Schuldigkeit, Gebühr.

Devot, andächtig.

Dexterité, Aufrichtigkeit, Redlichkeit, und Geschicke.

Diarium, ein Tag-Buch.

Dictiren, aus dem Mund in die Feder sagen.

Diffamiren, schmähen, schänden.

Differenz, Streitigkeit, Unterscheid.

Differiren, aufschieben, verlängern, unterscheiden.

Difficil, eigensinnig, widerwärtig.
Difficultiren, eine Sache weitläuftig und schwer machen.
Diffidenz, ein Mistrauen.
Dignité, Ehre, Würde.
Dilatio, Verzug, Aufschub.
Dimissio, Urlaub, Abschied.
Diploma, Freyheits-oder Gewalts-Brief, daß einer etwas thun oder verrichten mag.
Directe, gerade zu.
Director, ein Ober-Aufseher.
Dirigiren, eine Handlung oder Werk regieren.
Disconto, Sconto, Abzug der Interesse eines annoch auf Zeit zu laufen habenden und verhandelten Wechselbriefs.
Discrete, bescheidentlich.
Discretion, Bescheidenheit, Beschenkung wegen gehabter Mühe.
Discess, der Abzug.
Discours, Gespräch.
Disgoustiren, einem etwas zuwider thun.
Disordre, Verwirrung, Unordnung.
Dispensatio, Nachlaß, Verstattung.
Dispensiren, austheilen, nachsehen.
Disponiren, ordnen, verordnen; er ist nicht disponirt, es ist ihm nicht recht.
Dispositio, eine Verordnung.
Disputen, Zank, Streit, Wortwechsel.
*Disputir*lich, zweifelhaft, streitig.
Disrecommandiren, einem übles Lob geben.
*Disreputir*lich, schimpflich, wider Respect.
Dissimuliren, sich verstellen, verbergen.

Distra-

Distrahiren, absondern, verkauffen, losschlagen.
Distribuiren, austheilen.
District, ein Land, Gegend.
Divers, unterschieden, mancherley.
Diversorium, der Ort, wo allerley Waaren hingebracht werden.
Divertiren, sich erlustigen.
Divertissement, Belustigung oder Zeitvertreib.
Dociren, lehren.
Documenta, briefliche Urkunden, Beweisthümer, Schein, Darthuung.
Domaine, Cammer-Gut, Leib-Geding.
Domestiquen, Haus-Genossen, Bediente.
Donatio, ein Geschenke.
Dotiren, aussteuern.
Douceur, Freygebigkeit, Geschenk.
Dubitiren, zweifeln; ich stehe in dubio, in Zweifel, ob ich dieses thue; der Herr dubitire keineswegs an meiner realité.
Dupplum, zweyfältige Ersetzung; duppliren, verdoppeln.

E.

Echapiren, entlaufen, durchwischen.
Ediren, herausgeben, aushändigen.
Edict, ein Geboth, Satzung, Patent.
Effect, Würkung.
Effectuiren, ins Werk richten.
Egal, gleich, eben so.
Egard, Aufsicht, Absicht, Absehen.

Eichen, abeichen, ist soviel als visiren, oder untersuchen, wieviel ein Maaß oder Gewicht in Vergleichung eines andern halte.

Elaboriren, ausarbeiten.

Emballiren, einpacken; deballiren, auspacken, daher kommt emballage von Matten, Stroh, Strick und Wachstuch, und emballeur, ein Ballenbinder.

Embarquement, Schiffs-Ladung.

Embarquiren, einschiffen.

Embarras, Verdruß.

Embrassiren, umarmen.

Emploiren, anwenden; daher sagt man: er hat eine gute Emploi, Amt oder Dienst.

Emportiren, erlangen, hinweg bekommen.

Encouragiren, aufrischen, antreiben.

Endossiren, einen Wechsel an einen andern übertragen.

Enfin, endlich, zum Beschluß.

En front, voran, an die Spitze.

Engagement, Dienstnehmung, Verbindung.

Engagiren, sich mit einem einlassen, in eine Handlung oder Dienst tretten.

En gros, ins ganze; en detail, ins kleine handeln.

En particulier, oder particulaire, insonderheit, insbesondere.

En passant, im Vorbeygehen.

Entrée, Einzug, Eintritt.

Entrepreniren, unterfangen, unternehmen.

Entreprise, Anschlag, Unterfangung.

Entreteniren, einen in Discours unterhalten.

Eodem, bedeutet soviel als denselben Tag, Jahr, Zeit 2c.

Equipage, Zurüstung zur Reise.

Equipiren, aus- und zurüsten.

Escortiren, begleiten.

Estimiren, hoch und werth halten. Estime, Hochachtung.

Etabliren, sich fest setzen oder stellen.

Etablissement, Aufrichtung, Wohlfart.

Etat, der Staat, Zustand einer Person, oder Sache.

Evacuiren, erledigen.

Eventualiter, oder in omnem eventum, auf allen Fall.

Ever, ein Boot mit einem kleinen Seegel zu Ueberlieferung der Waaren.

Evidentia Facti, wann eine Sache klar am Tage lieget.

Evinciren, einem Kaufmann mit Recht abgewinnen, so zuvor auch den Evincenten zugestanden.

Evitiren, entfliehen, meiden.

Ex abrupto, geschwind, plötzlich.

Exact, stattlich, wohl, künstlich.

Examiniren, ein Ding wohl untersuchen.

Excediren, ausschweiffen, über die Schnur hauen.

Exception, Ausrede, Ausnahm.

Excess, Ausschweifung.

Excipiren, ausnehmen, sich ausreden wollen.

Excommuniciren, ein Ding ausschliessen.

Exculpiren, die Schuld von sich wälzen.

Excusen, Entschuldigungen.
Excusiren, sich entschuldigen.
Exempli gratia, gesetzt, oder zum Exempel.
Exequiren, vollziehen.
Eximiren, frey stellen, ausnehmen; er ist von der Arbeit eximirt, befreyt.
Expectanz, Anwartung, Hofnung auf ein Amt, oder Dienst.
Expectoriren, von Herzen absprechen.
Expedienz, ein sicheres Mittel.
Expediren, abfertigen.
Expedition, Geschäft, Verrichtung.
Expensen, Unkosten.
Experienz, Erfahrung.
Experimentiren, erfahren, erforschen.
Exponiren, auslegen, erklären.
Ex post facto, nachgehends.
Expostuliren, zanken, treflich mit Worten sich herum schlagen.
Expresser, ein besonders Abgeschickter.
Expression, deutliche Erklärung.
Extendiren, erweitern, seine Forderung extendirt sich auf so und soviel.
Extra, ausserhalb.
Extract, Auszug eines Dings.
Extradiren, ausliefern; der Herr lasse mir meine Waaren extradiren.
Extrahiren, ausziehen.
Extraordinair, ausserordentlich.
Extremité, die letzte Zuflucht, Gefahr.
Exulant, ein Vertriebener.
Exuliren, im Elend herumziehen.

F.

Fabric, *Fabrique*, eine Verfertigung einer grossen Waare; man läßt darin Zeuge, Strümpfe, Cotton, Seiden und andere Waaren fabriciren und fertig machen.

Facilitiren, leicht machen, erleichtern.

Facit, bedeutet, was von einer ausgerechneten Waare für eine Summa des Belaufs heraus kommt; man pflegt auch öfters zu sagen: es kömmt ein schlecht Facit heraus.

Facto, *de facto*, thätlicher Weise, alsofort.

Factor, ein Kaufmann, der einen andern für die Provision bedient, dahero kommt

Factorie oder Speditions-Handlung.

Fac totum, der alles in allem ist.

Factum, die Sache, That.

Factura, ist die Rechnung, die ein Factor über die Befehle seines Committenten eingekaufte Güter sendet.

Falliment, ein Fall oder Austritt, item Banquerot, gleichsam als die Bank ist zerbrochen, wird gebraucht, wann Kaufleute unsichtbar werden, und ihre Creditores nicht bezahlen können, dahero sagt man: er ist *fallit*.

Falliren, fehlen, einen Banquerot machen.

Familiar, bekannt; daher sagt man: er ist sehr familiar mit ihm.

Familiarité, Gemeinschaft, Vertraulichkeit.

Fatal, verdrüßlich, übel, von GOtt verhängt.

Fatigiren, sich ermüden, abmatten.

Fatiquen, Abmattung, Beschwerlichkeiten.

Favor, *Faveur*, Gunst, Gewogenheit.
Favorable, günstig, angenehm.
Favorisiren, wohl wollen, günstig seyn.
Favorit, ein Günstling, Liebling.
Faute, ein Fehler, Versehen.
Fideicommissum, ein Erbtheil oder Gut, das einem vertraut wird, daß er es einem andern zustellen solle.
Fiera, Forum, Foire, ein Markt, Messe. Forum heißt auch ein Gerichtszwang oder Gericht, welchem ein Kaufmann unterworfen ist, als in foro mercantili, in Kaufmanns-Rechten; Forum incompetens kan ein Kaufmann das nennen, da er vor Recht zu stehen nicht schuldig ist.
Finale, der Ausgang, Ende.
Finaliter, endlich, schlüßlich.
Finesse, Falschheit, auch Spitzfindigkeit.
Fingiren, erdichten.
Finte, Betrug, List, Possen.
Flatterie, Schmeicheley, Liebkosung.
Flattiren, schmeicheln, schön thun.
Floriren, blühen; seine Handlung floriret, stehet in gutem Stande.
Foliiren, die Blätter mit den Zahlen nacheinander bezeichnen.
Folium, ein Blat.
Fond, die gründliche Verfassung, wie Geld und Mitel anzuschaffen sind.
Force, Gewalt; par force, durch Gewalt.
Forciren, zwingen, nöthigen.

Formalisiren, viel Wesens von einer Sache machen; pro forma, zum Schein.

Formiren, einrichten; das ist nicht recht formirt, wie es seyn soll.

Formular, eine Vorschrift eines Briefs oder anderer Schrift.

Fourniren, anschaffen, Geld vorschiessen.

Fracht, heissen bey den Schiffern und Fuhrleuten die Waaren, die sie laden und führen, und das Geld, so dafür bezahlt wird.

Frachtbriefe, Lettres de voiture, sind die geschriebene oder gedruckte Briefe, so den Fuhrleuten über das, was sie geladen, mitgegeben werden.

Franco, schreibet man auf die Briefe, um demjenigen, der sie empfängt, dadurch zu benachrichtigen, daß das Porto dafür schon bezahlet sey.

Fraudiren, betrügen; in fraudem Creditorum, zum Betrug der Creditorum etwas thun.

Frequence, Frequenz, eine Anzahl oder Versammlung vieler Leute.

Frequentiren, Besuch machen, oft und vielmal an einen Ort kommen.

Function, ein Amt.

Fundament, Grund; er hat dieses oder jenes zum Fundament.

Fundiren, stiften, gründen, dahero man sagt: er hat keinen rechten Fundum, oder Grund zu diesem oder jenem Werke; er ist schlecht fundirt.

Furios, furieuse, wütend, hitzig.

Fusti, Sporco, Brutto, heißt das Gewicht der Fässer und Geschirre, worinnen die Waaren eingepackt sind, sonderlich aber das Zerbrochene, Schadhafte und Untaugliche unter der guten Waare. Von diesem Wort führet die Fusti-Rechnung ihren Namen.

G.

Gage, Besoldung, auch Pfand; er hat eine gute Gage, gute Besoldung, daher kommt engagiren, sich geselligen, zusammenhalten.

Galant, artig, höflich.

Galanterie, Wohlanständigkeit.

Garantie, Bürgschaft, Gewährschaft.

Garantiren, gewähren, vor einen gut stehen.

Garniren, ausstaffiren.

Garnitur, Ausstaffirung.

Gazetten, Zeitungen.

Generosité, Großmuth, Freygebigkeit.

Giriren, umlauffen, sein Geld beständig auf Wechsel unter den Leuten haben.

Giro, Umlauff des Geldes; daher ein girirter Wechselbrief heißt, der oft indossirt und durch viel Hände gegangen ist.

Gloire, Ruhm, Ehre.

Gouverno, Macht, Gewalt, auch Nachricht, dieses dienet à gouverno, id est, daß er sich darnach schicke, und seine Sache darnach anstellen könne; er steht unter seinem Gouverno, unter seinem Befehl; item, er weiß sich nicht zu gouverniren, ist seiner selbst nicht mächtig; er er hat das ganze Gouvernement, oder disponiret alles nach seinem Willen; pro grato Gouverno, zur angenehmen Nachricht.

Grace, Anmuth, Lieblichkeit, auch Gnade.

Gradatim, allgemählig, nach und nach.

Gradus, die Stuffen.

Grandes, grosse Herren in Spanien.

Grandezza, Ansehen, Respect.

Grand mode, was stark im Brauch ist.

*Grassi*ren, im Schwang gehen.

*Gratifici*ren, willfahren, Gunst und guten Willen erzeigen; Don gratuit, ein Geschenk.

Gratis, umsonst, ohne Entgeld.

Gratuito, frey, umsonst.

Gratulation, Glückswunsch.

*Gratuli*ren, Glück wünschen.

Gravamen, eine Beschwernuß, Schwürigkeit.

*Gravi*ren, beschweren; er findet sich sehr darüber gravirt.

Gros, ein ganzes Kriegs-Heer; das Gros der Armée; en gros handeln, heißt auch ins ganze handeln.

Grossiers, Marchands en Gros, sind solche Kaufleute, welche mit ganzen Stücken und Centnern in verschlossenen Gewölbern handeln, und also keinen öffentlichen Kram oder Bude haben, und nicht mit einzelnen Pfunden und Ellen umgehen.

Gusto, Lust, Belieben an etwas.

H.

Habil, zu etwas tüchtig.
Habilitiren, sich zu etwas fähig machen.
Haranque, eine öffentliche Rede.
Haranquiren, eine öffentliche Rede halten.
Hardiesse, Kühnheit, Frechheit.
Harmonie, eine ganze Zusammenstimmung.
Harmoniren, wohl zusammenstimmen.
Hautement, hoch; ich sag es hautement, ich sag es gleich, oder mit einem Wort.
Honett, ehrlich, ehrbar.
Honorable, ehrlich; man pflegt zu sagen: das ist ein rechter honorabler Mann.
Honorarium, eine Verehrung.
Honoriren, ist bey den Kaufleuten, wenn er den Wechselbrief, der ihm zur Bezahlung überbracht wird, acceptiret, oder zu erkennen giebt und versichert, daß er die Zahlung prästiren wolle und könne.
Huius, wird in Briefen öfters gebraucht, und bedeutet soviel als in gegenwärtigem Monat oder Tag.
Humaine, freundlich, leutselig, höflich.
Humanité, Leutseligkeit.
Humor, humeur, die angebohrne Art.
Hypothece, ein Unterpfand; daher kommen die Hypothecarii, welche Unterpfand oder sonst von rechtswegen den Vorgang in Schulden-Bezahlungen haben. Hypothece ist auch ein liegend oder unbewegliches Gut; es unterscheidet sich von einem pignore oder Pfand darin, daß die-

dieses ein beweglich- oder führendes Gut, welches der Schuldner seinem Glaubiger würklich in die Hände stellt und liefert.

*Hypotheci*ren, liegende Güter verpfänden.

I.

Jalousie, Eifersucht.

Jaloux, eifersichtig, mißtrauisch.

Idiot, ein tummer und einfältiger Mensch.

Ignorant, ein Unwissender, ein Kerl der nichts versteht.

*Illustri*ren, erläutern, erklären.

*Imagini*ren, einbilden; dieser Mensch ist voller Imagination, er bildet sich viel ein.

*Imiti*ren, nachahmen.

*Immatriculi*ren, einschreiben.

Immediate, unmittelbar.

Immissio Bonorum, Einsetzung in die Güter.

*Impatroni*ren, sich wo fest setzen.

Impediment, Verhinderung.

Impertinent, ungereimt, grob.

Impieghi, Geschäfte.

*Implori*ren, anruffen, ersuchen.

*Importi*ren, wichtig seyn; die Sache importirt nicht wenig.

Importo, der Betrag.

Importun, unbescheiden.

*Impost*en, Auflagen.

*Improbi*ren, nicht billigen.

Impression, Einbildung.

In agone liegen, in letzten Zügen.

In-

*Incaminir*en, einrichten.
Incapable, unfähig.
Inclination, Neigung.
*Inclinir*en, geneigt seyn; er inclinirt bald zu dieser bald zu jener Sache.
Inclusive, eingeschlossen.
Incommod, beschwerlich.
Incognito, unbekannter Weise.
In communi, insgemein.
Incompetenz, Ungebühr.
In continenti, alsbald, gleich zur Stund.
Incontro, Gelegenheit, wird auch in Wechsels-Sachen gebraucht.
*Incorporir*en, einverleiben.
Incourant, ungebräuchlich; es sind incourante Waaren.
Indifferent, gleichviel, gleichgültig.
Indiscret, unhöflich.
Indisposition, Unfähigkeit.
Indoßiren, heißt einen Wechsel, welchen man hätte erheben können, einem andern übergeben, und solches auf die andere Seite des Wechselbriefes schreiben.
Indosso, Endossement, Avallo, eine Ueberweisung, heißt, wenn derjenige, dem der Wechsel zu gut gestellet ist, solchen an einen andern bezahlen lässet, und zu dem Ende die Ueberweisung mit diesen Worten auf des Wechsels Rücken schreibet: Den Inhalt dieses Wechsels bezahle der Herr für mich, an *N. N.* es solle mir *valedir*en.

In dubio, in Zweifel.
*Indulgi*ren, nachlassen, durch die Finger sehen.
In duplo, gedoppelt.
*Infami*ren, beschimpfen, schmähen.
*Infici*ren, anstecken.
*Informi*ren, unterrichten.
In genere, insgemein.
Ingress, aller Eintritt, Anfang und Einmischung.
In gutem *Esse*, in gutem Zustand seyn oder stehen.
*Inhibi*ren, verbieten.
*In Integrum restitui*ren, in vorigen Stand setzen.
*Injuri*en, Schmähworte.
In manu, in der Hand, gegenwärtig.
In natura, heißt in eben der Sache, die ausgeliehen ist, oder gefordert wird.
In omnem eventum, auf allen Fall.
*In ordinem redigi*ren, in Ordnung bringen.
In pristinum Statum, in den vorigen alten Stand.
In procinctu stehen, fertig, parat, gerüst seyn.
In quantum de jure, so weit es die Rechte zulassen.
*Inquiri*ren, untersuchen.
Inquisition, Untersuchung.
In residuo, in Ueberrest.
Inserat, eine Ein- oder Beylage.
*Inseri*ren, einverleiben, einsetzen lassen.
Insignia, Wappen, Ehrenzeichen.
*Insinui*ren, sich bey einem in Gunst setzen.
*Insolenti*en, Vermessenheit, Bosheit.
Insolidum, einer für alle, und alle für einen.
In specie, insonderheit.
Instruction, Unterricht.

Instrui-

Instruiren, unterrichten.
Insufficient, nicht zulänglich.
In summa, kurz, mit einem Wort.
In supplementum, zur Erfüllung.
Intercediren, für einen bitten.
Intercession, Vorbitte.
Intercessionales, Vorbitt-Schreiben.
Interesse, heißt der Zins oder Nutze von einem ausgeliehenem Capital, daher kommt verintereßiren, verzinsen. Bey einer Sache intereßiret seyn, heißt, Antheil an einer Sache haben; Intereßiret seyn, bedeutet auch eigennützig seyn.
Interim, unterdessen; es ist ein Interims-Vergleich.
Interponiren, sich darzwischen legen.
Interrogatoria, Frag-Stücke.
Interrumpiren, verhindern.
Intervallum, Zeit, was dazwischen gefallen.
Intimation, Anzeige.
Intimiren, anzeigen.
Intraden, Einkünfte.
Intricat, verwirrt; es ist ein intricater Handel.
Intriquen, verwirrte Händel.
Introduciren, einführen, einleiten.
Introduction, Einführung.
Inventiren, nachsuchen, untersuchen; daher kommt inventum, eine Erfindung; item Inventarium, eine Untersuchung der noch vorhandenen baaren Gelder, Waaren und Schulden.

Inve-

Investiren, einweihen, in ein Amt setzen.

Invitiren, einladen; Invitatio, Einladung.

Inusitatum, etwas ungewöhnliches; es ist nicht usuel, gebräuchlich.

In Usu, in Gebrauch.

Journal, ist dasjenige Handels-Buch, aus welchem man die Handels-Posten in das Haupt-Buch überträgt.

Irregulaire, unrichtig.

Irritiren, anreitzen, zornig machen.

Jubellen, allerhand Geschmeide.

Judicatur, das Urtheil vor Gericht.

Judiciren, richten, urtheilen.

Judicium, das Urtheil, Gericht.

Juncke, ein klein Neben-Schifflein, mehrentheils mit Waaren beladen.

Juramentum, Eidschwur; einem das Jurament deferiren, heisset, den Eid zuschieben, auflegen.

Jus publicum, das Reichs-Recht.

Justice, Justitz, Recht und Gerechtigkeit.

Justificiren, eine Sache rechtfertigen.

K.

Kanastre, ein Korb, da man in Spanien den Toback hinein thut, dahero er Kanaster oder Korb genennt wird.

Kaper, ein Seeräuber.

Karat, ein Theil des Gewichts.

Kavelung ist, wenn man gute und schlechte Waaren untereinander mischet, damit sie im Verkauf oder bey der Auction zugleich weggehen.

Kaufcontracte, sind Contracte, welche über den Kauf und Verkauf einer Waare errichtet werden.

Kaufhaus, Niederlage, heißt der Ort, wo in einer Stadt der Kaufleute Güter unter des Rathes Verwahrung hingeleget werden.

Kaufmannsgut, heißt nicht nur eine tüchtige und gute Waare, womit ein ehrlicher Mann den andern verwahren soll; sondern auch alle diejenigen Dinge, mit welchen Handel und Wandel getrieben wird.

Kitze, ein kleines Schifflein mit Waaren beladen, so am Strande hinfähret.

Kramer, oder Krämer, Kaufleute des Handkaufs, Handverkaufer, Kaufleute im Kleinen, en detail, heissen diejenigen Kaufleute, die in öffentlichen Läden die Waaren im Kleinen, oder einzeln, als bey Pfunden, Lothen, Quentaen, und Ellen verkauffen.

Kramerinnung, Kramergilde, und Kramerzunft, heißt in großen Städten die Gesellschaft derjenigen, welche Kramerey treiben, und durch eine gewisse Ordnung untereinander verbunden sind. Daher alle diejenigen, welche in solche Innung gebührlich aufgenommen worden sind, Kramerinnungsverwandte genennet werden.

Kran,

Kran, Kraan, Krahn, Kranich, und Gran, ist ein Hebezeug oder Gerüst, so an den Schifländen pflegt aufgestellet zu werden, um die Güter vom Lande in die Schiffe, und aus denselben auf das Land zu heben.

Kranknechte, sind in den Waage- Pack und Kaufhäusern bestellte Leute, welche die Gewichte auf die Waagschale und wieder davon heben, das Packhaus in Ordnung halten; und den Kran regieren müssen.

Kronen, werden auch die Dänischen $\frac{2}{3}$. Stück genennt.

Küste, Seekante, nennet man die Ufer eines Landes, die von dem Meere angespület werden.

L.

Laboriren, arbeiten.

Labyrinth, Irrgarten, ein verwirrter Handel.

Laden, heißt in der Handelschaft ein dazu angelegter und zugerichteter Ort, daß darinnen allerhand Waaren zum Verkauf aufgestellet, und zu beliebiger Zeit verschlossen werden können. Der Laden eines Kaufmanns, der im Ganzen handelt, wird ins besondere ein Gewölbe; und der, worinnen Waaren in Kleinen verkaufet werden, ein Kramladen genennet.

Lædiren, verletzen.

L'agio, Aufgeld.

Lamentiren, klagen; es ist eine grosse Lamentation, Beklagung.

Largo, weitläuftig; künftige Woche werde largo berichten, was vorgegangen ist.

Latus, eine Seite; Summa per latus, die Summa dieser Seite herunter.

Laviren, sich in die Zeit schicken.

Laus Deo, Gott lob, wird vielmal über die Rechnung gesetzt.

Legatarius, ist derselbe, dem im Testament etwas vermacht ist.

Legatum, ein Vermächtnis im Testament.

Legiren, etwas vermachen.

Legitima, ist das Theil, so einem in der Erbschaft ohne Testament zukommt.

Legitima causa, rechtmäßige Ursache.

Legitimiren, sich zu einem Handel oder Sache geschickt machen.

Leonisch, falsche silberne und goldene Borten.

Liberal, freygebig.

Licenten, Auflagen auf die Waaren.

Lichten, die Waaren aus dem Schiff laden und und es also leichter machen.

Licitation, die Bietung.

Licitiren, eine Waare ansprechen, daß man solche kaufen solle.

Liga, ein Bündnis; item Schrot und Korn oder Gehalt an der Münz.

Limitiren, Gränzen setzen; er hat limitirte Ordre.

Liquidiren, richtig machen; die Sache ist liquid, richtig, hell und klar.

Liste, Verzeichnis über gewisse Dinge.

Locarium, Pacht, Zins von Ländern oder Häusern.

Loca-

Location, die Setzung auf gewisse Stellen.
Logement, Wohnung, Zimmer.
Logen, die Kammern in Opernhäusern, auch bey Comödien.
Logiren, wohnen, einquartirt seyn.
Lotterie, Glücks-Topf, in welchem man sein Glück probirt.
Lucriren, gewinnen.
Lustre, Glanz, Zierde, Pracht, Herrlichkeit.

M.

Maceriren, sich abmatten.
Machine, ein künstlich Werk bey den Bauleuten.
Maculiren, beflecken, besudeln; daher kommt das sogenannte Maculatur-Papier zum einwickeln.
Mäckler, Sensalen, Courtiers, sind Leute, welche sich um die Gebühr zu gewissen Handlungen, in Kauf- und Verkaufen, Wechselschliessen und andern ehrlichen Contracten 2c. als Unterhändler brauchen lassen.
Magazin, Waaren-Lager, auch Proviant-Haus.
Magnificenz, Herrlichkeit.
Mainteniren, behaupten.
Majorennis, der sein männliches Alter erreichet hat, und unter keiner Vormundschaft mehr stehet; Vota majora werden die meisten Stimmen genennt.
Mal à propos, zur Unzeit.
Mal content, übel gesinnt, mißvergnügt.
Manifest, eine öffentliche Erklärung.

Manquement, ein Fehler, Abgang.

Manquiren, ermangeln; der Freund hat manquirt; er hat gefehlt; er hat aufgehört zu zahlen.

Manuale, ein Handbuch, kan auch die Kladde oder Memorial genennt werden, welches man gebraucht, um was täglich in der Handlung paßirt, einzuschreiben.

Manufacturen, Waaren, so in einem Lande gemacht und fabricirt werden.

Manuscript, geschriebene Sachen.

Manuteniren, schützen, behaupten.

Marchand, ein Kaufmann.

Marchandiren, auf eine Waare dingen, Kauf schlagen.

Marchandise, Kaufwaare.

Marchiren, aufbrechen, fortziehen.

Mare, per mare, über die See etwas schicken; Marinier, ein Seemann, See-Soldat; Matelot, ein Bootsmann.

Margo, der Rand; in margine am Rand etwas notiren.

Marque, Signum, so ein Kaufmann auf seine Güter setzen und zeichnen lässet, daher

Marquiren, Zeichnen.

Massiv, dicht und dick, als: Massiv-Silber, fein gegossen Silber.

Matrosen, geworbene Boots-Leute.

Maxime, Vernunft und Staats-Grund.

Medaille, eine Münze, worauf ein Bildnis eines großen Herrn oder anderes Sinn-Bild gepräget ist.

Media-

Mediateur, ein Mittler, Schiedsmann.
Medio, zur Helfte.
Meditation, Betrachtung.
*Medit*iren, betrachten, nachsinnen.
*Melior*iren, verbessern; daher Meliorations-Kosten, Verbesserungs-Kosten genennt werden.
*Memor*iren, auswendig lernen; zum Gedächtnis, Pro Memoria.
Memoriter, auswendig.
Menage, Haushaltung, Sparsamkeit.
*Menag*iren, sparen, schonen, oder karg haushalten.
*Mention*irtes, gedachtes, ermeldtes.
*Merit*iren, verdienen; er hat schöne Meriten; verdient grosse Ehre; item er hat sich darum sehr meritirt, nemlich verdient gemacht.
Mesures nehmen, sein Maas und Richtschnur nach etwas nehmen.
Methode, eine Lehr-Art.
Meubles, allerhand Hausrath.
Mignon, ein Liebling eines grossen Herrn, den er wohl um sich leiden kan.
Million, eine Summa von 10 Tonnen Goldes, oder 1000000. fl.
Missionairs, Abgeschickte, Abgeordnete, gewisse Leute in Religions- oder andern Affairen.
Missive, ein Send-Schreiben.
Moderat, mäßig, eingezogen.
*Moder*iren, mäßigen.
Modest, bescheiden, artig.
*Molest*iren, beschwerlich fallen; er ist mir zur Molestie.

Momenta, Wichtigkeiten, die vornehmsten Momenta dieser Sache. Im Augenblick, im moment.

Monitorium, eine Erinnerung, Warnungs-Brief.

Monopolium, eine Freyheit, daß man in einer Stadt oder Land eine gewisse Waare allein verkauffen darf.

Monstrum, ein Ding wider die Natur.

Monument, ein Denkmal, Grabmal.

Mora, Verzug; periculum in mora, beym Verzug ist Gefahr.

Mores, Sitten.

Moros, murrisch, unfreundlich.

Mortifications-Schein, eine schriftliche Versicherung, dadurch man eine verlohrne Obligation ungültig machet, wann sie sollte hernach schon wieder gefunden werden.

*Mortifici*ren, quälen, plagen.

Motus, Bewegung, Aufstand.

*Movi*ren, sich bewegen, entrüsten.

Mouvement, Bewegung.

*Mundi*ren, eine Schrift rein abschreiben.

Munition ist, was man an Pulver und Bley gebraucht.

Mutatis mutandis, das man nach Erfordern auf diese und jene Parthey richten kan.

*Muti*ren, verändern.

Mutuel, gegentlich, gegeneinander.

Mutuum, ein geliehenes Geld oder Gut.

N.

N.

Naturel, Geburts-Art, Zuneigung vom Natur.

Naturalisiren, einem das Recht eines Eingebohrnen des Lands geben.

Negiren, läugnen, verneinen.

Negotiren, handeln; daher kommt Negotiant, Handelsmann; Negoces, Geschäfte.

Nervos, kurz, nachdrücklich.

Netto procedito, oder netto provenu, was nach abgezogenen Unkosten von einem verkauften Gut an den Kaufgeld überbleibet, darüber der Principal disponiren kan.

Neutral, unpartheyisch, da man mit keinem Theil hält.

Nihil ad rem, dient nichts zur Sache.

Noble gout, ein vortreflicher Verstand, Urtheil über ein Ding.

Nolens volens, man wolle oder wolle nicht.

Non obstat, es hindert nicht; non obstante, ohngeachtet.

Norme, vorgeschriebene Art und Weise.

Nota, ein Merkzeichen; pro Nota zur Nachricht.

Nota bene, merks wohl, gieb acht.

Notable, merkwürdig.

Notificiren, etwas bekannt machen.

Notiz, Notice, heißt bey Handelsleuten ein schriftlicher Aufsatz, welchen derjenige Mäckler, durch den ein Wechsel, mit beyderseits Contrahenten Genehmhaltung, geschlossen worden, unter seinem Namen von sich giebet.

Novitæten, Neuerungen.

Nullitæten, Nichtigkeiten, Verstossung in Process.

Numeriren, Zählen, rechnen.

Numero, die Zahl auf einem Stück Kaufmanns-Gut.

Numerus, eine Zahl.

Nutriment, Nahrung, Auferziehung; ad nutum auf dem Wink.

O.

Ob defectum, aus Mangel.

Objeit, der Gegenstand.

Obiter, obenhin, da man nicht acht giebt.

Obligant, obligat, verbunden, verpflicht.

Obligation, eine Verbindung, auch verpflichtete Verschreibung für empfangene Gelder.

Obscur, dunkel; das Buch, diese und jene Sache ist sehr obscur.

Observanz, Herkommen.

Observiren, in Obacht nehmen.

Obsignation, Besieglung.

Obsigniren, verschreiben, versieglen.

Obstacul, eine Hindernuß.

Obtiniren, seinen Zweck erhalten.

Occasion, Gelegenheit, Anlaß.

Occasionaliter, gelegenheitlich.

Occoriren, vorfallen, ich bin dem Herrn in seinen Occurenzen zu dienen bereit.

Occupiren, in Besitz nehmen; er ist occupirt, beschäftigt.

Octroy,

Octroy, Freyheit, Erlaubniß.
Odios, verhaßt.
Offendiren, beleidigen.
Offeriren, anerbieten; der Herr lasse ihme meine offres oder offerta gefallen.
Officianten, allerhand Diener bey Hofe, im Krieg und anderwärts.
Ombrage, Besorgung, Furcht, Schrecken.
Omen, ein Vorzeichen, Bedeutung.
Onera, Beschwerungen, bürgerliche Gaben.
Operiren, würken.
Opiniatriren, eigensinnig, hartnäckig seyn.
Opponiren, sich entgegen setzen.
Ordinaire, nach der gemeinen Weise.
Ordiniren, ordnen, verordnen.
Ordre, Befehl; Ordre stellen, befehlen.
Original, der erste Aufsatz, die Haupt-Schrift.
Ornat, Zierrath.
Oval, eine länglicht runde Figur an einem Spiegel oder Tisch.

P.

P. P. bedeutet soviel als præmissis præmittendis, oder vorher gesetzt, was gesetzt soll werden.
Pagamenti, Pagement, werden bey den Kaufleuten die gemeinen Gelder, davon man täglich ausgiebet, genennet.
Palandre, ein rechtes Kauf-Schiff mit allerhand Waaren beladen.
Paquet, ein zusammengerolltes Werk.
Paquet-Boote, ein Post-Schifflein.

Pa-

Parade, Pracht, den man mit etwas treibt.
Paragraphus, ein Stück oder Theil einer Rede.
Paralelle, gleiche Linien.
Parat, bereit.
Par avance, zum voraus, Vorschuß.
Pardon, Gnade, Verzeihung; pardonniren, vergeben.
Parere, ein Kaufmännisches Gutachten.
Par forçe, gewaltthätiger Weise.
Pari, al pari, Geld um Geld.
*Pari*ren, gehorchen, auch wetten.
Parole, das Wort, so man von sich giebt.
Paroxismus, das Fieber-Schütteln.
Part geben, Nachricht geben.
Partial, eigennützig, der auf einer Seite hängt.
*Particip*iren, theilhaftig machen.
Particulier, in particulari, besonders, insonderheit.
Partita, ein gewisser Theil; wird vielmal bey einer Post im Journal bey Handlung gebraucht, auch ein geschlossener Handel genennet.
Par tout, allenthalben, durchaus.
Pasquil, Schmäh-Schrift.
Passable, das noch hingehet.
Passage, ein Durchgang, ein Weg; daher kommt, Passagier, ein Durchreisender; man sagt die Passage ist offen oder versperrt.
Passato mense, verwichenen Monat.
Passeport, Abschied.
Passer le tems, Zeitvertreib.

Pas-

Passion, ein Affect; passionirt, der von Affecten eingenommen ist.

*Passion*irt, einem Theil anhängig seyn, für denselben mit Eifer das Wort führen.

*Passi*ren, gehen, hingehen; en passant, im Vorübergehen.

Passiv-Schuld ist, wann man selbsten schuldig ist, gleichwie Activ-Schuld, wann man aussen stehen hat.

Passus, eigentlich eine Schrift, sonst aber eine jede Gelegenheit der Sache.

Patent, ein öffentliches Ausschreiben.

Patriot, ein redlich Gesinnter.

*Patrocini*ren, einen beschützen.

Patrocinium, väterliches Erbgut.

Patron, ein Herr oder Principal von einer Handlung, auch von einem Schiff oder ein sonstiger Gönner.

*Pecci*ren, sündigen.

Penetrant, durchdringend; ein penetranter Geruch; etwas penetriren, wohl erforschen.

Pension, Zeichen, Bestellung, Kost.

Peremtorie, endlich und fürs letztemal.

Perfection, Vollkommenheit; es ist alles *perfect*, vollkommen.

*Persuadi*ren, bereden.

Per majora, durch die meiste Stimmen.

Permission, Vergünstigung, Erlaubnuß.

*Permitti*ren, zulassen, bewilligen.

*Permuti*ren, verändern.

*Pernocti*ren, über Nacht bleiben.

*Perori*ren, eine öffentliche Rede halten.

Per posta, auf der Post, geschwind, eilig.
Per saltum, überhaupt, übereilt.
*Pertinent*ien, Zugehörungen.
*Perturb*iren, beunruhigen, betrüben.
Petitum, eine Bitte.
*Peupl*iren, volkreich machen, Leute ins Land schaffen.
*Pignor*iren, verpfänden.
Pilote, ein Steuermann.
Piquanterie, Anstechung, Beschimpfung.
*Piqu*iren, sticheln, spitzfindig über einen sprechen.
Placat, ein Anschlag oder Patent.
*Placid*iren, genehm halten.
Plaisant, lustig, angenehm.
Plausible, ist alles, was sich hören läßt.
Plaisir, Lust, Ergötzlichkeit
Platton, eine Art kurzer Schiffe.
Plenipotentiarius, ein vornehmer Bevollmächtigter.
*Pol*iren, glatt, glänzend machen.
Polit, munter, geschickt.
Pompos, prächtig.
*Ponder*iren, erwegen; er ponderirt, er erwegt es wohl, ehe er es wagt.
Pontons, fliegende Brücken in Kriegs-Zeiten auf dem Wasser, von Schiffen zum Gebrauch gemacht.
Popular, gemein, schlecht, pöbelhaftig.
Portion, ein gewisser Theil von einem gerechnet.
Porto, das Postgeld.
Positive, ausdrücklich, ohne Bedingung.
Posito, gesetzt, im Fall.

Pos-

Possible, möglich.

Possidiren, besitzen; daher kommt Possess, Besitz; Possessio Bonorum, Besitzung der Güter.

Postillion, ein Postreuter, abgeschickter Expresser.

Postiren, sich an einem Ort setzen, Posto fassen.

Post festum, zu spät.

Post scriptum, Nachschrift.

Postulata, allerhand Anmuthung und Forderungen.

Pousiren, darauf dringen.

Pouvoir, vermögen.

Practiciren, Streit und andere Sachen ausführen; daher Practiquen, unbefugt schlimme Händel.

Præcaviren, vorbauen; daher Præcaution, Vorsicht.

Præcipitiren, sich übereilen.

Præcise, just, eben auf den Termin, da es abgeredt ist.

Præferiren, vorziehen; preference, Vorzug.

Præfigiren, bestimmen; daher kommt præfixus terminus, ein bestimmter Termin.

Præjudiciren, nachtheilig seyn.

Præmium, Douceur, heißt eine Verehrung oder Trankgeld, so jemanden für seine gehabte Mühe und Arbeit gegeben wird.

Præpariren, zurüsten.

Präsentiren, vorzeigen, wird von Wechselbriefen gesagt, wenn derjenige, so den Wechselbrief hat, und daher der Präsentant genennet wird, demjenigen, so den Wechsel zahlen

soll,

soll, seinen Wechselbrief zur Acceptation vorzeiget, welcher daher der Acceptant genennet wird.

Præstiren, leisten, was man versprochen; er hat das Jurament præstirt.

Præsumiren, vermuthen, Argwohn schöpffen.

Prætendiren, vorwenden, begehren, fordern; daher kommt Prætension, eine Forderung, Prætext, ein Vorwand.

Præteriren, vorbey gehen.

Præter propter, ohngefehr.

Prævaliren, vor andern gültig seyn; Spesen oder Unkosten prævaliren, nachnehmen, wird bey Speditions-Affairen gebraucht.

Praxis, Uebung; er hat es schon in Praxin.

Preiß-*Couranten*, heissen in Handelsstädten die gedruckte Zettul, welche wöchentlich ausgegeben werden, den Preis der Waaren kund zu machen.

Presto, geschwind.

Pretium, das Kaufgeld; pretium affectionis, eine Liebigung oder angenehmes Douceur.

Principalis, der Vornehmste; daher causa principalis, die vornehmste Ursache, der Hauptpunct.

Privatim, in geheim, insbesondere.

Privilegium, Freyheit, er ist privilegirt, besonders befreyt, er hat ertheilte Freyheiten.

Pro oder *Per*, für, als: pro anno fürs Jahr; per mense, fürs Monat; pro Arrha, fürs Handgeld; pro cento, fürs Hundert; pro mille, fürs Tausend; pro rata, für geschlossen oder genehm;

pro

pro re rata, nach Beschaffenheit der Sache; pro resto, zum Ueberrest; pro capita, in so viel Häupter; pro saldo, zum Schluß; pro forma, zum Scheine; pro labore, für die Arbeit; pro Salario, für die Besoldung; per Expressum, durch einen Expressen.

*Probi*ren, beweisen; Probatio, der Beweis.

*Proce'li*ren, verfahren, in Rechten verfahren; in procinctu stehen, im Begriff seyn.

Pro Cent, heißt die Agio, Interesse, oder Aufgeld, so man für jedes Hundert Thaler oder Gulden geben muß, wenn man besseres einwechselt, oder auf jährlichen Zinß nimmt.

*Proclami*ren, öffentlich ausruffen.

*Procuri*ren, befördern, einem einen guten Preiß oder Condition procuriren.

*Produci*ren, verschaffen.

Profit, der Gewinn.

*Prognostici*ren, verkündigen, voraus sagen.

Progress, Fortgang.

*Prohibi*ren, verbieten.

Project, ein Entwurf.

*Promitti*ren, verheissen, zusagen; Promessen, Verheissungen, Zusagungen.

*Promovi*ren, befördern.

Promt, fertig, geschickt.

*Proponi*ren, vortragen; daher Propositio, ein Vortrag.

*Proportioni*rt, geschicklich, wohl gestellt; daher proportion, gleiche Maas.

Propos, das Absehen.

Propre, eigen, nett; daher Proper-Handlung, da man allein für sich handelt, ohne jemand in Commission zu bedienen.

Pro rata, heißt nach eines jedem seinen Antheil oder Vermögen, soviel jedem gebühret.

Prosequiren, einen Handel nachkommen, ihn vollführen.

Protegiren, beschützen; daher Protection, Beschirmung; Protector, der Beschützer.

Protestiren bey einem Wechselbrief geschieht, wenn der, dem der Wechselbrief präsentirt wird, selbigen nicht acceptiren will, damit theils nicht könne geleugnet werden, daß er gehörig präsentirt worden, theils auch, damit der Präsentant alles Schadens wegen, der ihm daraus entstehen könnte, gesichert sey. Es muß daher eine solche Protestation von einem Notario im Beyseyn einiger Zeugen gerichtlich niedergeschrieben werden.

Protocollum, ein Buch, darin wichtige und gerichtliche Handlungen verzeichnet werden; daher protocolliren, niederschreiben.

Providiren, versehen; daher Provision, die Belohnung, die man einem giebt, ein oder mehr vom Hundert, da er Waaren für einen ein- oder verkauft, für das Geld Bürg, oder del credere gestanden; item, für einen Gelder empfangen und wieder ausbezahlt hat.

Proviant, Lebensmittel.

Proxime, mit ehesten, nächsten.

Publique, öffentlich.

Punctuellement, genau und ohne Mangel.

Q.

Quadriren, vervielfältigen, sich wohl zusammen schicken; Quadrat, eine viereckigte Figur.

Quadrupliren, einen einfachen Theil viermal vermehren, vervielfältigen.

Quæstion, eine Frage, auch Streit.

Qualificiren, sich zu einer Sache oder Handlung tüchtig machen; qualificirt, geschickt; Qualité, Stand, Würde, gute Beschaffenheit; die Waare ist von perfecter Qualité.

Quantité, die Vielheit, oder die Zahl eines Dings; wie groß oder wenig es seye.

Quantum, eine gewisse Summa, oder Preiß.

Quart, der vierte Theil; davon Quartal, ein Viertel Jahr.

Quartier, Herberg, Gegend des Orts.

Quasi vero, warum nicht, ich dachte.

Quid pro quo, ichtwas für etwas, eines fürs andere.

Quiesciren, acquiesciren, zufrieden seyn.

Quinquinell, Anstands-Brief auf 5. Jahr mit der Zahlung verschont zu seyn; item Eiserner Brief.

Quintessenz, das Beste, so aus allerley Materia gezogen wird.

Quittiren, loßsprechen, loßzehlen; daher quittence, Loßzehlung oder Quittung.

Quodlibet, ein Reim oder Buch, darin man allerley einschreibt, und durcheinander wischt.

Quota, der Antheil, Anlage.

Quovismodo, auf allerley Art und Weise, es komme, wie es wolle.

R.

Rabat, Disconto, Interusurium, sind diejenigen, Intereßen, welche ein Käufer dem Verkäufer abziehet, wenn er ihn bezahlet, da doch dem Contract nach die Zahlung erst nach einer bestimmten Zeit hätte geschehen sollen.

*Rad*iren, auslöschen, vom Papier auskratzen.

*Raffin*irt, verschlagen, listig.

Raison, Vernunft, Billigkeit.

*Raisonn*iren, von etwas klug urtheilen.

*Rang*iren, in die Ordnung stellen.

*Rapport*iren, berichten, Rapport, Bericht.

*Ras*iren, schleiffen, niederreissen.

*Ratific*iren, genehm halten; daher ratum & gratum, stet und angenehm; Ratio, Vernunft, Ursache; ratio status, Staats-Angelegenheit.

Realiter, an sich selbst, eigentlich, wirklich.

*Reassum*iren, erneuern, wieder vornehmen.

Recess, ein richtiger Vergleich.

Recipisse, schriftlicher Schein über empfangenes Geld, Brief oder anders.

Reciproque, im Gegentheil, Wechselsweise.

*Reclam*iren, widersprechen.

*Recognosc*iren, ausforschen.

*Recollig*iren, sich wieder erholen.

*Recommand*iren, einen loben, in eines andern Gunst und Vorsorge empfehlen; Recommendation, eine Empfehlung.

Recom-

Recompensiren, einig machen, wieder vergelten, vergleichen; daher Recompens, ein Geschenk, Verehrung.

Reconnoisançe, Dankbarkeit, Vergeltung.

Recreiren, ergötzen.

Recta, gleich zu, ohne Umschweiff.

Rectificiren, richtig machen.

Recusiren, refusiren, wieder abschlagen.

Reduciren, zurück führen, zurecht bringen.

Referiren, eine Sache vorbringen, berichten; daher Relation, Vortrag, Erzählung; Referendarius, der Berichte abstattet.

Refieri, diese oder jene Gegend.

Reflectiren, bedenken, betrachten, acht geben; Reflexion, Bedenken, Erwegung.

Reformiren, ändern, in andern Stand setzen; Reforme, Veränderung.

Refraichiren, sich erfrischen, erquicken.

Refundiren, erstatten, wieder geben.

Regaliren, einen wohl halten, beschenken.

Regard, Ansehen, in Regard dessen habe ꝛc.

Registriren, jede Briefschaften ordentlich an ihre Stelle setzen.

Regress, eine Wiedersuchung eines erlittenen Schadens; ich weiß mich schon zu regressiren.

Regulariter, ordentlicher Weise.

Reguliren, richten, in Ordnung bringen; Reglement, Einrichtung.

Relaxiren, erlösen, entbinden.

Relegiren, des Landes verweisen.

Remarquiren, merken, acht geben; daher remarquable, merkwürdig.

Remediren, einer Sache rathen, abhelfen.

Remisen, Geld-Lieferungen, abgeschickte Zahlungen; er hat seine Remissa bereits überkommen; er hat bereits ihme remittirt, id est, das Geld per Wechsel übermacht.

Remittent, heisset diejenige Person, welche einen traßirten Wechselbrief vom Traßanten erhandelt, und demselben die Valuta dafür zahlet; daher er auch der Geber genennet wird.

Remonstriren, erweisen, vorzeigen.

Removiren, abschaffen, hinweg thun.

Rencontriren, einem begegnen, antreffen; Rencontre, Begegnung; wird auch im Streit- und Schlägerey-Sachen genommen.

Renitenz, Widerstand.

Renommé, das Gerücht, der Ruf und Credit, worin man ist.

Renoviren, erneuern; Renovation, oder Renovirung, Erneuerung.

Renten, Zinsen, jährliches Einkommen.

Renunciren, sich eines Dings verzeihen, oder begeben; item etwas absagen, sich wovon lossprechen.

Repariren, ergänzen; Repartition, die Austheilung.

Repassiren, zurück kommen.

Repetiren, wiederholen.

Repliciren, gegenantworten; Replique, Gegen-Antwort.

Repondiren, antworten.

Repoussiren, zurück treiben, abhalten.

Repræsentiren, abbilden, vortragen.

Repres-

Repressalien, Gegen-Macht, wann einer gleiches mit gleichem vergilt.
Reprimande, Verweiß, Ausschelung; daher reprimandiren, Verweiß geben.
Reproche, Vorwurf, Vorrückung.
Reputation, Ehre, Ansehen; reputirlich, löblich.
Requiriren, ersuchen, bitten; Requisita, Zubehör, was zu einer Sache erfordert wird.
Rescontriren, gegen einander abrechnen; item ein Journal nachsehen, ob alle Posten wohl übergetragen sind; ein Rescontro ist, wann auf der Börse ein Kaufmann dem andern Wechsel oder Rechnung præsentirt, und derjenige, so solchen bezahlen soll, die Anweisung auf einen andern thut, dieser wieder auf den dritten, vierten, fünften und mehr hinaus, bis endlich einer das angewiesene Geld per Cassa bezahlt. Durch Wechsel assigniren die Kaufleute unter einander richtig, ohne die Mühe des Geld-Zählens zu haben; ist eine Art einer Banco.
Res credita, ein vertrautes Ding.
Rescribiren, zurückschreiben; Rescript, ein schriftlicher Befehl.
Reservata, Vorbehaltung; Reserve, der Hinterhalt.
Res judicata, eine verurtheilte Sache.
Resigniren, abdanken, Dienst aufkünden.
Resistenz, Widerstand.
Resolviren, sich über eine Sache entschliessen; Resolution, Entschluß; resolut, keck, munter.
Respective, insonderheit, auf gewisse Art und Weise.
Respect- oder Respit-Tage, item Discretions-Tage, werden die Tage genennet, welche dem

 Debi-

Debitori nach verfallenem Wechselbriefe, die Zahlung zu erleichtern noch nachgesehen werden.

Respiriren, sich erholen.

Ressentiren, hochempfinden.

Restabiliren, wieder ersetzen.

Restiren, übrig bleiben; daher Restanten, die noch etwas schuldig sind.

Restituiren, wiedergeben; daher restitutio in integrum, die Setzung in erst und vorigen Stand.

Retardiren, verspäten, verzögern; retarde, ritardo, Verweilung.

Retiriren, weichen, zurück ziehen; daher retirade, die Zurückziehung.

Retourniren, wieder zurück kehren; daher Retour, Wiederkunft.

Retour-Waaren, sind diejenigen, so ein Kaufmann statt seiner wohin gesandten zurück bekommt.

Retour-Wechsel sind solche, welche einer statt eines an andere Orte geschickten Wechsels empfängt.

Retractiren, wieder zurückziehen.

Revangiren, sich rächen; daher Revange, Rache.

Reversiren, sich verpflichten; daher Revers, ein Gegen-Schein, Versicherung.

Revertiren, wieder kommen, anders Sinnes werden.

Revidiren, überlesen, nachsehen; daher Revision, Durchlesung, Untersuchung.

Reukauf, heißt die Strafe, welcher derjenige sich unterwerfen muß, so von einem richtig ge-

geschlossenem Contract vor Erfüllung desselbigen abgehet.

Revociren, widerruffen.

Revoltiren, einen Aufstand erregen.

Reussiren, zum Zweck kommen.

Risposta, Gegen-Anwort.

Risquiren, risiquiren, wagen, etwas per hazard thun.

Rottiren, sich zusammengesellen.

Route, der Strich oder Weg, den man zu einer Reise nimmt.

Ruiniren, verderben; daher Ruin, Verderb.

Rumor, ein Geschrey, Auflauf.

Ruptur, Bruch, Aufhebung eines Bündnisses.

S.

Saison, die Jahrszeit.

Salarium, eine Besoldung, die man Bedienten und andern giebt.

Saldiren, richtig machen; eine Rechnung saldiren; per Saldo oder per Schluß der Rechnung.

Salviren, befreyen, sich losmachen; in salvo bringen, in Sicherheit setzen; salvo errore calculi, mit Vorbehalt, so in der Rechnung was verstossen; Salvus conductus, sicheres Geleite.

Salutiren, grüssen, willkommen heissen.

Satisfaciren, genug thun; daher Satisfaction, eine Genugthuung; diese Sache ist mir nicht satisfait genug; es ist nicht geschehen, was geschehen sollen.

Scadenza, Verfallzeit.

Scaliren, schimpfen, spotten.
Scarta faccia, ist eine Schrift, welche die Banquiers zum Gedächtniß aller Wechsel und Waaren, mit welchen sie in der Messe umgehen, halten, und auf der Börse in Händen haben.
Scripturen, allerhand geschriebene Sachen.
Scrupel, Zweifel; scrupuliren, in Bedenken stehen.
Secreta, Heimlichkeiten; secretiren, geheim halten.
Secundiren, einem an Handen gehen; Seconda-Wechselbrief, der andere Wechselbrief in Mangel des Prima.
Securité, Sicherheit.
Sensal, ein Mäckler in Wechsel-Sachen.
Sentenz, Urtheil, Bescheid.
Sentiment, Meynung, Gedanken.
Separiren, abtheilen, scheiden; daher Separation, Absonderung.
Sequestriren, bedeutet ein streitig Gut, worüber ihrer zwey sich zanken, verwalten.
Serviren, dienen; Servitut, Dienstbarkeit.
Session, der Sitz, Ehrenstelle in einem Collegio.
Sigill, Signet, ein Petrschaft, so auf die Briefschaften gedruckt wird.
Signalisiren, sich wohl erweisen.
Simuliren, sich verstellen.
Sinceriren, versichern, sein Herz eröffnen; daher Sinceration, aufrichtige Versicherung.
Situation, Landes-Gegend.
Societät, Gesellschaft.
Sola, ein einiger Wechsel, da kein prima und secunda ist.
Solennitäten, Zierlichkeiten, herrliche Umstände.
Sollicitiren, anhalten, bieten.

Sollicitateur, ein Schulden-Einnehmer; Sollicitation, Anhaltung, Begehren.

Solvendo seyn, zahlen können.

*Sondi*ren, forschen, ergründen, auskundschaften.

*Sopi*ren, stillen, beylegen, vertragen.

*Sorti*ren, ausschiessen, bey einer Waare oder andern Dingen; daher Sortiment, eine auserlesene Parthie Waare; es ist alles wohl sortirt, mit allerhand frischem Gut versehen.

*Soulagi*ren, trösten, überheben; daher Soulagement, Zufriedenstellung.

*Souteni*ren, behaupten, vertheidigen.

*Spargi*ren, ausbreiten; Spargement, eine falsche Zeitung.

Species facti, der Verlauf der Sache.

*Specifici*ren, ein Ding klärlich anzeigen, eine Specification über Waaren heraus geben; *specifice*, insonderheit.

Specimen, Beweis, Darthuung.

Spectacul, ein Anblick.

*Speculi*ren, Speculation machen, einem Ding nachsinnen, nachgrübeln.

*Spedi*ren, ein Gut weiter weg- und absenden; Spedition eine Versendung; Spediteur, ein Güter-Versender.

*Spendi*ren, beschenken; daher kommen Spendagen, Verehrungen; Spesen, Unkosten.

*Spioni*ren, auskundschaften.

*Spoli*ren, berauben, plündern.

Sporco, heißt soviel, als unrein, da die Tara noch nicht abgezogen.

Sportuln, Gerichts-Unkosten und Neben-Accidenzen.

Stabiliren, etabliren, befestigen, anstellen, sich setzen.

Staffetta, Brief, so durch einen Courier überbracht wird.

Stante pede, alsobald; daher Stante in Handlungs-Briefen soviel als instehenden Monats bedeutet.

Stapel, ist das Recht, Waaren zum Verkauf anzuhalten, ehe sie anderswo ausgeführet werden.

Statuiren, gebieten, setzen, dafür halten.

Statuta, Gesetze, so in einer jeden Stadt a part gesetzt, und darnach man daselbst zu leben und sich zu richten verbunden ist.

Stechen, verstechen, changiren, heißt Waare gegen Waaren geben.

Stellage, ein Gerüst.

Strapaziren, müde machen, übel tractiren.

Stratagema, List, Erfindung.

Strazze, Kladde, Brovillard, ein Klitterbuch, da man alles in der Handlung passirende hinein notiret.

Stylisiren, eine Schrift nach ihrer Art setzen; Stylus, eine Schreibart.

Subhastiren, öffentlich feil bieten und verkauffen.

Subject, unterworfen.

Subleviren, einen etwas überheben.

Submittiren, sich demüthigen, zu etwas bequemen.

Subscribiren, unterschreiben.

Subsidien, Hülfsmittel.

Subsistenz, Unterhalt, Hülfe.

Substanz, die Kraft, das eigentliche Wesen eines Dings.

Substituiren, einen den andern zum Gehülfen setzen.

Subtrahiren, abziehen.

Succediren, nachfolgen; Successio, Nachfolge; successive, nach und nach.

Succurriren, zu Hülf kommen; daher Secours, Hülfe.

Sufficit, genug, es bleibt dabey; suffisant, genugsam.

Sui Juris, der sein eigner Herr ist.

Suite, das Geleit, Gefolge.

Suppliciren, mit einer Bitte einkommen; daher kommt Supplique, eine Bittschrift, und Supplicant, ein Bittender, Klagender.

Supprimiren, unterdrücken.

Sympathie, Uebereinstimmung der Natur.

Symptomata, allerhand sich ereignete Zufälle.

T.

Taille, Geschicklichkeit des Leibes.

Talionis Jus, das Recht der Wiedervergeltung.

Tara, der Abzug an Waaren für den Sack oder Fäßer; Tariren, abziehen.

Tardence, tardenza, Verweilung, tardiren, verweilen.

Tariff, Commercien-Vergleich, Zoll, Rolle.

Taxiren, schätzen, wie hoch ein Ding im Werth ist; Taxa, der Werth einer Sache.

Temperament, eine Vergleichung oder Milderung in Staats- und andern Sachen.

Tempo, die gute Gelegenheit; das tempo treffen.

Tenor, der Inhalt oder Begriff einer Sache.

Tentiren, versuchen.

Terminiren, zu Ende bringen; daher Termin, eine bestimmte Zeit, wann man zahlen soll.

Territorium, Landschaft, Gebieth.

Testimoniales, Zeugnuß-Briefe.

Titulatur, die Beehrung oder Aufschrift eines Briefs.

Tolleriren, ertragen, erdulten; tollerance, Gedult, Erträglichkeit.

Torquiren, ängstigen, martern.

Tort, Unrecht, Gewalt, Verdruß, totius causæ scopus, der ganzen Sache rechter Zweck.

Totaliter, ganz und gar.

Touchiren, einem etwas zuwider thun.

Tour, eine Reise, Umweg, Spatziergang.

Tourbiren, beunruhigen.

Tractament, Verpflegung; Tractaten, Handlung; zum Vergleich tractiren, eine Sache abhandeln.

Traduciren, übersetzen; traductio, Uebersetzung.

Traficiren, handeln; trafice, Handlung.

Trainiren, aufhalten, auf die lange Bank schieben.

Transigiren, sich in Güte vergleichen.

Transmittiren, übersenden.

Transportiren, fort- oder überbringen; daher kommt Transport, so in Rechnung gebraucht wird.

Traſſiren, Wechsel auf einen ziehen; daher trata, ein gezogener Wechsel; Trassent, der Wechsel zieht.

Traverſiren, hindern.

Tribut, Zins, Einrichtung, Zoll.

Triplum, das dreyfache.

Troppo, zuviel.

Troublen, Unruhen.

Tumultuiren, empören, Aufstand machen.

Turbiren, verhindern, beunruhigen; Turbation, Empörung.

V.

Vagiren, herumschweifen: vacant, ledig; vacanz, Erledigung.

Valediciren, Abschied nehmen.

Valediren, gültig seyn.

Valuta, der Preiß, Werth eines Dings; ich habe die Valuta von ihm empfangen; die Waar ist in valor, will soviel gesagt seyn, als sie ist gesucht, angenehm.

Variable, veränderlich.

Vasal, ein Lehenmann.

Veneriren, ehren; Veneration, Ehrerbietung.

Verificiren, wahr machen, etwas bezeugen.

Vice versa, umgekehrt.

Victualien, Lebensmittel.

Vidimiren, heißt, wann eine Abschrift eines Briefs gegen ein Original durchgelesen und sodann von einem Notario unterschrieben wird.

Vigiliren, wachsam seyn; er ist sehr vigilant auf seine Sache, nemlich munter und aufmerksam; vigilance, Wachsamkeit.

Vigoureus, frisch muthig; Vigeur, Herzhaftigkeit.

Vindiciren, etwas sich zueignen, rächen.

Violiren, beleidigen, verletzen.

Visitiren, besuchen.

à Vista, auf Sicht, id est, den Wechsel gleich bezahlen, sobald er præsentirt worden.

Vivres, Lebens-Mittel.

Voiture, Vettura, eine Befrachtung der Güter; Lettre de voiture, ein Frachtbrief.

Votiren, seine Stimme geben; Vota majora, die meisten Stimmen.

Union,

Union, Vereinigung, Vergleichung.
Urgiren, antreiben, erörtern.
Uso, soviel, als 14. Tag, halb uso 8 Tag, uso doppio 4 Wochen, nach welchen die Bezahlung zu thun; Usance, usage, Gebrauch.
Ut infra, wie unten.
Ut supra, wie oben.
Vulgata jura, gemeine Rechte; vulgariter, gemeiniglich.

W.

Wardein, ein geschworner Münz-Probierer.
Wechselbriefe, literæ cambiales, lettres de change, sind kleine Briefe oder Zettul, worinnen ein Kaufmann von seinem Correspondenten an einem andern Ort verlanget, die im Briefe bemerkte Summe Geldes dem Ueberbringer des Briefs zu zahlen.
Wechsler werden nicht nur die Banquiers genennet, sondern auch diejenigen, die eine Geldsorte gegen eine andere um gewisses Aufgeld verwechseln.
Wucher, Usura, heißt das Geld, so ein Schuldner vor die Nutzung des Capitals zahlen muß.

X.

Xenium, Xeniolum, ein Geschenk.

Z.

Zechini, Venedische halbe Ducaten.
Zelus, der Eifer, Mißgunst.
Zephyrus, der Wind von Westen.
Zink, ein metallisches Marcasit, oder natürliche Mixtur aus 4 unreiffen Metallen.
Zoilus, ein Tadler.

Zeitfracht Medien GmbH
Ferdinand-Jühlke-Straße 7
99095 Erfurt, Deutschland
produktsicherheit@kolibri360.de